遼寧省第三批珍貴古籍名録圖録

第三册

遼寧省第三批珍貴古籍

名録圖録

《遼寧省第三批珍貴古籍名録圖録》編委會　編

國家圖書館出版社

經世大典　　萍鄉文廷式集

張邦傑榮之子也字智萬年十七以諸侯子質藩邸跋涉艱危

益耆臣節及歸省父命襲爵邦傑明敏於政時奧都合滿行省

燕京擬於常賦外徵銀七兩諸路畏其威權莫敢言者邦傑曰

今天下甫定民瘡痍未復輕徭薄賦以招徠之猶懼不蘇豈宜

厚斂以重民療禀請免徵上可之民懷其德歌訟于道行省增

酒課歲為銀三百錠邦傑曰今民正供猶不給又倍酒稅是驅

吾民散之四方轉死溝壑矣力請如舊額先是民多通賦省檄

俾居者代償邦傑詣闕禀免之尋權監利有司欲均賦於民歲

30461　經世大典輯本不分卷　〔清〕文廷式輯　稿本　遼寧省圖書館

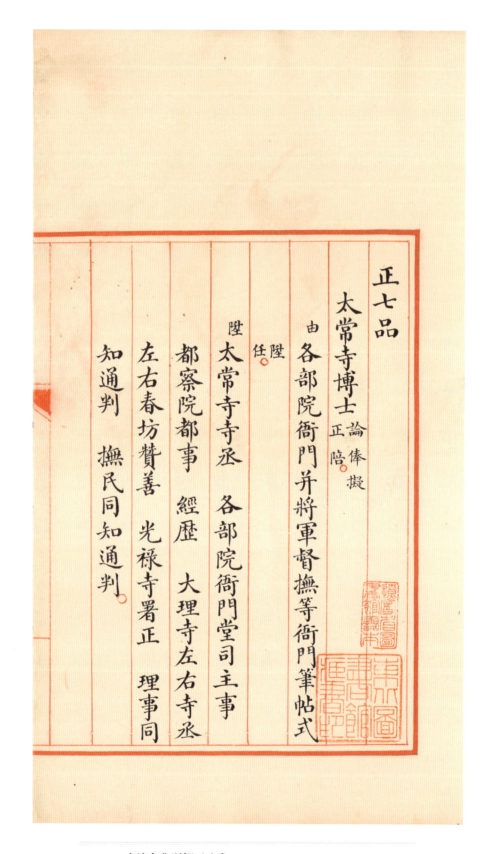

正七品

太常寺博士 論俸擬 正陪

由各部院衙門并將軍督撫等衙門筆帖式

陞任 陞

太常寺寺丞 各部院衙門堂司主事

都察院都事 經歷 大理寺左右寺丞

左右春坊贊善 光禄寺署正 理事同

知通判 撫民同知通判

欽定戶部旗務則例卷之一

俸祿上

宗室俸祿

一和碩親王歲支銀一萬兩。米五千石。○世子。

歲支銀六千兩。米三千石。

一多羅郡王歲支銀五千兩。米二千五百石。○

長子歲支銀三千兩。米一千五百石。

一多羅貝勒歲支銀二千五百兩。米一千二百

五十石。

30463　欽定戶部旗務則例十二卷　（清）傅恒等纂修　清乾隆三十四年

（1769）武英殿刻本　大連圖書館

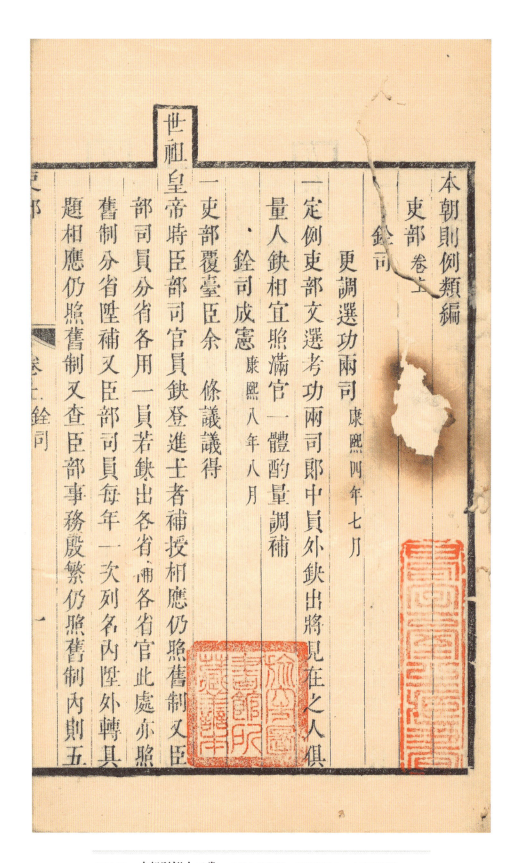

一題相應仍照舊制又查臣部事務殷繁仍照舊制內則五

一舊制分省陞補又臣部司員每年一次列名內陞外轉其

一部司員分省各用一員若銓出各省補各省官此處亦照

一世祖皇帝時臣部司官員銓登進士者補授相應仍照舊臣

一吏部覆臺臣余　　條議議得

　銓司成憲　康熙八年八月

一量人銓相宜照滿官一體酌量調補

一定例吏部文選考功兩司郎中員外銓出將見在之人俱

　更調選功兩司　康熙四年七月

吏部　卷五
　銓司

本朝則例類編

吏部

卷五　銓司

定例全編卷之一

宗人府

國初於

篤恭殿前列署十爲諸王議政之所順治九年設宗人府以和

碩親王或多羅郡王總領府事

子爲右宗正鎮國公或輔國公爲左右宗人掌

多羅貝勒爲左宗正固山貝

皇族之屬籍以時修輯

玉牒紀載宗室子女嫡庶名封生卒婚嫁謚塟等事其正官有府

承屬官有理事官副理事官主事筆帖式其首領有經歷

〇凡封爵崇德元年定

顯祖子孫考論功德列爵九等一等爲和碩親王二等爲多羅郡王

三等爲多羅貝勒四等爲固山貝子五等爲鎮國公六等爲

定例全編 卷一

定例全編 卷一 宗人府

30465　定例全編五十卷續刊六卷　〔清〕李珍編　清康熙五十四年

（1715）榮錦堂刻本　大連圖書館

天於

南郊

大清通禮

冬日至大祀

天於

儀著於篇。

所謂以吉禮事邦國之鬼神示於是乎備焉謹詳其

國家祀典孔明有大祀有中祀有羣祀殊事合敬周禮

禮有五經莫重於祭。

吉禮

大清通禮卷之一

卷一

一

30466　大清通禮五十卷　（清）來保等纂修　清乾隆武英殿刻本　遼寧省
圖書館

幸魯盛典卷一

御製

　至聖先師孔子廟碑

朕惟道原於天弘之者聖自庖犧氏觀圖畫象闡乾坤

之秘堯舜理析危微厥中允執禹親受其傳湯與文武

周公遞承其統靡不奉若天道建極綏猷矞乎尚矣孔

子生周之季韋布以老非若伏羲堯舜之聖焉而帝禹

湯文武之聖焉而王周公之聖焉而相也歸然以師道

作則與及門賢哲紹明絶業教思所及陶成萬世伏羲

堯舜禹湯文武周公之統惟孔子繼續而光大之矣間

30467　幸魯盛典四十卷　〔清〕孔毓圻　金敬居等纂　清康熙五十年

（1711）孔毓圻刻進呈本　遼寧省圖書館

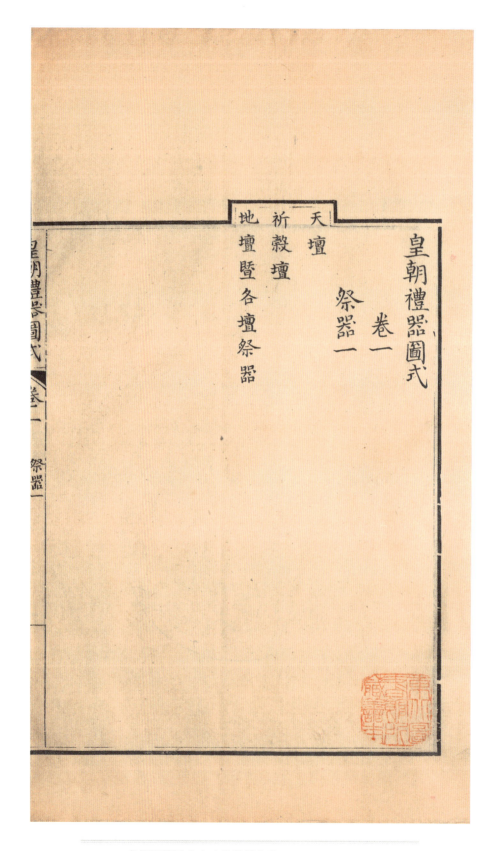

30468　皇朝禮器圖式十八卷目録六卷　〔清〕允禄等纂　〔清〕福隆

安等補纂　清乾隆三十一年（1766）武英殿刻本　遼寧省圖書館

南巡盛典卷一

恩綸

乾隆十四年十月初五日內閣奉

上諭江南督撫等以該省紳耆士庶望幸心殷合

詞奏請南巡朕以鉅典攸關特命廷臣集議今

經大學士九卿等援據經史且仰稽

聖祖仁皇帝六巡江浙謨烈光昭允宜俯從所請朕

軫念民依省方問俗郊圻近省不憚躬勤鑾輅

江左地廣人稠素所厪念其官方戎政河務海

南巡盛典 〔卷一〕 恩綸 一

30469 南巡盛典一百二十卷　（清）高晋等纂　清乾隆三十六年（1771）

高晋等刻内府印本　遼寧省圖書館

大清律集解附例卷之一

名例 名例者五刑之罪名例

五刑 五刑者五刑之體例也

　　圖 凡折贖銀數前圖開載甚明

笞刑五 笞者擊也又訓爲恥每二笞折一板

　一十　二十　三十

　四十　五十

杖刑五 每二杖折一板

　六十　七十　八十

　九十　一百

大清律　各例卷之一

30470　大清律集解附例三十卷附欽定則例一卷　〔清〕剛林等撰

清康熙刻本　大連圖書館

禁飭武弁借盜殃民

爲專申武弁借盜殃民之禁以肅法紀以安民

生事照得武官職守兵丁紀律已經本部院另

示禁約不當詳盡兹於借盜殃民之禁又復特

爲拈出蓋武弁於薅盜拿盜無在不可借題害

人者也從來地方弭盜之法武官分內之事惟

在平時練兵守禦失事督兵追捕而已至於究

緊黨拿盜窩起贜物取供招皆印捕有司之專

責乃聞浙省獨有不然每遇地方被盜大率捺

文檄

卷之一

30471　總制浙閩文檄六卷　〔清〕劉兆麒撰　清康熙刻本　遼寧省圖書館

終南山重陽祖師仙跡記 正書

碑長丈尺七寸寬五尺

寸二十六行行五十九字 陝西鄠屋

孔老之教竝行乎中國根源乎至道際六合無內外極

萬物無洪纖真理常全無有欠餘固不可以淺識窺測

或者剖疆名之原指成器之跡五相排斥是此而非彼

而二家之言遂爭長于天下是不知天下無二道聖人

不兩心所以積行立功建一切濾導迪人心使之遷善

遠罪洋洋乎大同之域其於佐理帝王一也為老氏者

曰吾寶慈儉又曰常善救物與夫孔聖本仁祖義之說

若合符契今觀終南山重陽祖師始於業儒其卒成道

元重陽仙跡記一

天一

30472　金石萃編未刻稿不分卷　〔清〕王昶撰　稿本　遼寧省圖書館

石刻鋪叙卷上

紹興御書石經

靖康丁未夏四月皇宋中興高宗即大位改元建炎至

紹興十三年癸亥通十九年金狄侵凌干戈之日居多

乃能親御翰墨作小楷以書周易尚書毛詩春秋左傳

全帙又節禮記中庸儒行大學經解學記五篇章草語

孟悉送成均九月甲子左僕射秦檜請鐫石以頒四方

卷末皆刊檜跋語

　　益郡石經

孝經一冊二卷序四百三十九字正經一千七百九十

鳳墅逸客曾宏父纂述

石刻鋪叙卷上

二

30473　石刻鋪叙二卷　〔宋〕曾宏父纂　清乾隆三十四年（1769）刻本
翁方綱校并題識　羅振玉題記　遼寧省圖書館

石刻鋪叙卷上

鳳墅逸客曾　宏父　纂述

紹興御書石經

靖康丁未夏四月皇宋中興高宗即大位改元
建炎至紹興十三年癸亥逾十九年金狄侵陵
干戈之日居多乃躬親御翰墨作小楷以書周
易尚書毛詩春秋左傳全帙又節禮記中庸儒
行大學經解學記五篇章草語孟悲送成均九
月甲子左僕射秦檜請鐫石以頒四方卷末皆
刊檜跋語

30474　石刻鋪叙二卷　〔宋〕曾宏父撰　**二王帖目録評釋三卷**

〔宋〕許開撰　清抄本　朱錫庚、朱學勤題記　羅繼祖批校　遼寧省圖書館

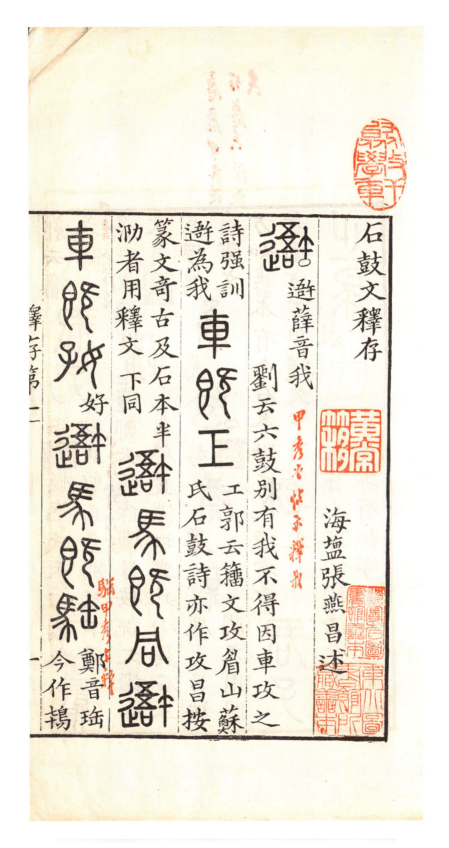

30475　石鼓文釋存一卷　〔清〕張燕昌述　清光緒二十八年（1902）劉

士珩刻本　羅振玉校　遼寧省圖書館

金石一

按山左金石志云山左金石甲於天下故論金石於山左誠

眾流之在渤海萬峰之峙泰山也革金石並稱而碑碣則屹

立不移彝器則轉徙無定故舊志所載有石而無金殆難言

之矣然濟南在同為齊泰漢以後為郡為國為州為軍雖建

置不一而吉光片羽間有存者如有虞之幣商湯之金殷盤

畫濕田之界周鼎標太師之名父于祖庚爵角攷分彭女仲

駒觚敦兼列戈稱泰子亦有良山區虢永年一名錫祚不獨

管仲有盤伯愈稱簠也至漢而愉盧焦斗內府所藏方壺圍

范外觀亦雅官印自吉侯以下至於十候明鏡則尚方而外

30476　濟南金石志四卷　（清）馮雲鵷撰　稿本　遼寧省圖書館
存三卷（一、三至四）

粵東金石略卷第一

廣州府金石一

至聖先師像碑

先師像碑在廣州府學後圃番山燕居亭摹吳道子筆也

左有篆書

宣聖遺像四字右有八分書一段叙摹勒原委至正五年

乙酉正月望日中奉大夫廣東道宣慰使都元帥僧家

奴記承直郎廣東道宣慰使司都元帥府徑歷貢師謙

篆額廣東憲曹天台張謨書

宣聖兗公小影碑

30477　粵東金石略九卷首一卷附錄二卷　（清）翁方綱輯　清乾隆石

州草堂刻本　蟄庵題記　遼寧省圖書館

北海相景君銘并陰　漢安二年八月

敦煌長史武斑碑　建和元年二月

司隸校尉楊孟文石門頌　建和二年十一月

武氏石闕銘　建和元年三月

孔廟置守廟百石卒史碑　永興元年六月

宛令益州刺史李孟初神祠碑　永興二年六月

孔君殘碑　永興二年七月

孔謙碑　永興二年

魯相韓勑造孔廟禮器碑并陰兩側　永壽二年

鄭固碑　延熹元年四月

魯中廟孔彪碑并陰　延熹五年正月

蒼頡廟碑　延熹七年七月

泰山都尉孔宙碑并陰兩側　延熹七年七月

竹邑侯相張壽碑并陰　建寧元年五月

衛尉卿衡方碑　建寧元年九月

魯相史晨奏祀孔子廟碑　建寧二年三月

魯相史晨饗孔廟後碑　建寧三年六月

淳于長夏承碑　建寧三年六月

陳德殘碑　建寧四年六月

武帝太守李翕西狹頌　建寧四年六月

李翕黽池五瑞圖

30478　魏稼孫金石劄記　〔清〕魏錫曾撰　稿本　遼寧省圖書館

十七史商榷卷一

史記一

東吳王鳴盛述

史記集解分八十卷

漢志史記百三十篇無卷數裴駰集解則分八十卷
見司馬貞史記索隱序隋志始以一篇爲一卷又別
列裴注八十卷新舊唐志亦然不知何人刻集解亦
以一篇爲一卷疑始于宋人今予所據常熟毛晉刻
正如此裴氏八十卷之舊不可復見不知其分卷若
何

十七史商榷　　卷一　　一

30479　十七史商榷一百卷　　（清）王鳴盛撰　　清乾隆五十二年（1787）

洞涇草堂刻本　瀋陽市圖書館

淮南子卷一　漢召陵萬歲里當閭祭酒許君注　武進莊氏校本

漢涿郡高誘注　漢汝南應劭注　盧龍延篤注　吳縣王仁俊集校補注

原道訓　原本也本道根真包裹天地以……故曰原道因以題篇

夫道者覆天載地而大也　道無形廓四方柝八極也八極也方

高不可際深不可測日測一日盡　之極也言其遠柝讀高　重門擊柝之柝也

也包裹天地稟授無形　稟給也授子也無形稟授之未形者皆生於道故曰稟授無形

也原流泉浡沖而徐盈混混滑滑濁而徐清　原泉之浡也自出也浡

湧也沖虛也始出虛徐流不止能漸　盈滿以喻於道亦然也滑讀曰骨也　故植之而塞于天

地橫之而彌于四海施之無窮而無所朝夕　滿也彌猶　植立也塞　植立也彌猶

30480　淮南子二十一卷　（漢）劉安撰　（漢）高誘注　清光緒二年（1876）

浙江書局刻本　王仁俊批校補注　遼寧省圖書館

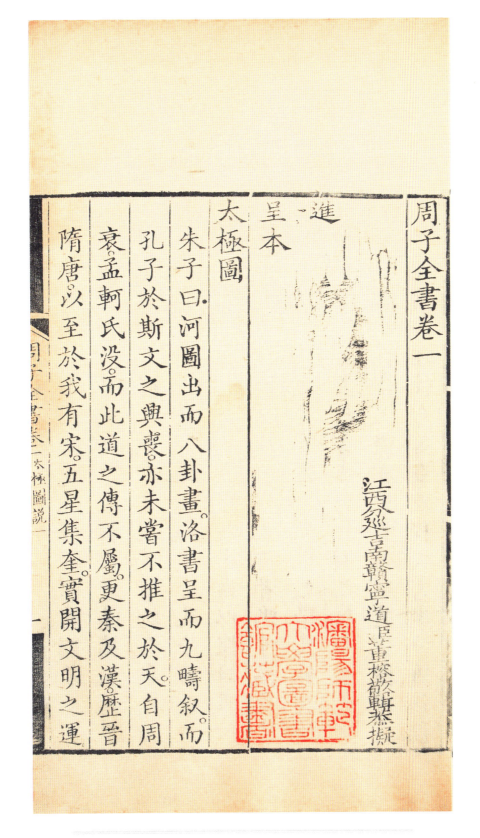

張子全書卷之一

宋 翁朱熹註釋 明陜西鳳翔府藏板

西銘

乾稱父坤稱母予兹藐焉乃混然中處

天陽也以至健而位乎上父道也地陰也以至順

而位乎下母道也人稟氣於天賦形於地以藐然

之身混合無間而位乎中子道也然不曰天地而

曰乾坤者天地其形體也乾坤其性情也乾者健

而無息之謂萬物之所資以始者也坤者順而有

常之謂萬物之所資以生者也是乃天地之所以

30482 張子全書十五卷 （宋）張載撰 （宋）朱熹注 清順治十年（1653）

刻本 大連圖書館

朱子經濟文衡類編卷之一

○太極類

論太極是名此理之至極

先生年譜云淳熙六年乙未夏五月東萊

呂公自東陽來留止寒泉精舍旬日歸

先生送之至信之鵞湖寺江西陸九齡子

壽弟九淵子靜及清江劉清之子澄皆來

會此論係答子靜雖歲月未詳然觀年譜

所載則　諸老先生相與講學之意大略

經濟文衡　前集卷一　　一

30483　朱子經濟文衡類編前集二十五卷後集二十五卷續集二十

二卷　（宋）朱熹撰　（宋）滕珙編　清乾隆四年（1739）安徽徽州府署刻本

遼寧省圖書館

大學衍義卷之一

宋　學士　眞德秀　彙輯

合河孫嘉淦　校訂

帝王爲治之序

堯典　虞書篇名也。典者，常也。曰若稽古帝堯　曰若，發語辭。曰字與粤越通用，稽，考也，言考古之帝堯其事云云。曰放勳　放，至也，亦廣大之意。放乎四海之放，勳，功也。欽明文思安安　欽，敬也。思去聲。允恭克讓　允，信也。克，能也。光被四表，格于上下　被，及也。四表，四外也。格，至也。上下，天下地也。克明俊德，以親九族　明明之也。俊，太也，以用也。九族既睦，平章百姓　九族，高祖至元孫之親也。睦，和輯也。平，均也。章，明也。百姓昭明，協和萬邦，黎民於變時雍　百姓，畿內之民也。昭昭明也。亦明也。睦，和輯也，平均也，章明也，百姓，畿內之民也。

30484　大學衍義四十三卷　〔宋〕真德秀撰　〔清〕孫嘉淦校訂　清雍
正刻本　遼寧省圖書館

內則衍義卷之一

孝之道

事舅姑

內則曰婦事舅姑如事父母雞初鳴咸盥漱
櫛縰笄總衣紳左佩紛帨刀礪小觿金燧右
佩箴管線纊施縏袠大觿木燧衿纓綦屨以
適舅姑之所及所下氣怡聲問衣燠寒疾痛
疴癢而敬抑搔之出入則或先或後而敬扶
持之進盥少者奉槃長者奉水請沃盥盥卒

30485　內則衍義十六卷　（清）世祖福臨撰　（清）傅以漸奉敕纂修

清順治十三年（1656）內府刻本　遼寧省圖書館

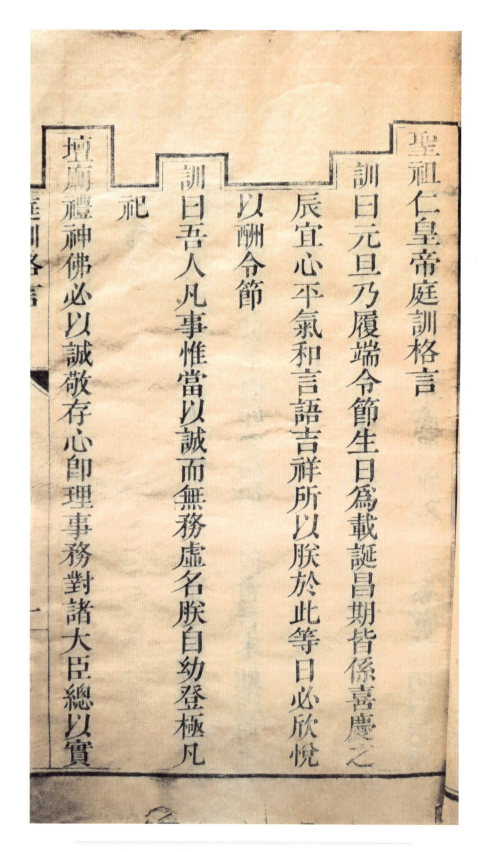

聖祖仁皇帝庭訓格言

訓曰元旦乃履端令節生日為載誕昌期皆係喜慶之

辰宜心平氣和言語吉祥所以朕於此等日必欣悅

以酬令節

訓曰吾人凡事惟當以誠而無務虛名朕自幼登極凡

壇廟禮神佛必以誠敬存心卽理事務對諸大臣總以實

祀

30486　聖祖仁皇帝庭訓格言不分卷　〔清〕世宗胤禛輯　清雍正八年

（1730）武英殿刻本　瀋陽故宮博物院

御纂性理精義卷第一

太極圖　周子作　朱子註

朱子曰河圖出而八卦畫洛書呈而九疇敘而孔子於
斯文之興喪亦未嘗不推之於天自周衰孟軻氏沒而
此道之傳不屬更秦及漢歷晉隋唐以至於我有宋五
星集奎實開文明之運而先生出焉不由師傳默契道
體而推明之使夫天理之微當時見而知之有程氏者
大而莫不洞然畢貫於一而周公孔子孟氏之眾煥神
之幽明於當世有志之士得以探討服行而不失其正如
復明於三代之前者嗚呼盛哉非太極一圖通書之言亦
出於先生之學其妙具於太極一圖通書之言亦於此皆
此又曰先生之學其兄弟語及性命之際亦未嘗不因
其說觀通書之誠動靜理性命等章及程氏書李仲通

御纂性理精義　卷一　太極圖說　一

淵鑒齋

御纂朱子全書卷一

學一

小學

古者初年入小學只是教之以事如禮樂射御書數

及孝弟忠信之事自十六七入大學然後教之以

理如致知格物及所以爲忠信孝弟者

古人小學養得小兒子誠敬善端發見了然而大學

等事小兒子不會推將去所以又入大學教之

朱子全書　卷一學一　小學

二

30488　淵鑒齋御纂朱子全書六十六卷 　（清）李光地等纂修　清康熙

五十三年（1714）内府刻本　遼寧省圖書館

11688

學規類編重纂卷之一

中州儀封張孝先先生原纂

滇文山蕭大成敉九甫重纂

同學諸子仝校

諸儒總論爲學之方一

程子曰學也者使人求於内也不求於内而求於外非聖
人之學也何謂求於外以文爲主者是也學也者使人
求於本也不求於本而求於末非聖人之學也何謂求

五先生學約卷之一

北平後學孫承澤銓次

道體

周濂溪先生曰無極而太極太極動而生陽動極

而靜靜而生陰靜極復動一動一靜互為其根

分陰分陽兩儀立焉陽變陰合而生水火木金

土五行順布四時行焉五行一陰陽也陰陽一

太極也太極本無極也五行之生也各一其性

無極之真二五之精妙合而凝乾道成男坤道

30490　五先生學約十四卷　〔清〕孫承澤編　清康熙五年（1666）孫氏

家塾刻本　遼寧省圖書館

先儒齊治録 上帙

石州于　準萊公纂

方正學先生幼儀雜箴

道之於事無乎不在古之人自少至長於其所在皆致謹

焉而不敢忽故行跪揖拜飲食言動有其則喜怒好惡憂

樂取予有其度或銘於盤盂或書於紳箴所以養其心志

約其形體者至詳密矣其進於道也豈不易哉後世教無

其法學失其本學者汩於名勢之慕利禄之誘内無所養

外無所約而人之成德者難矣予病乎此也蓋久欲自其

近而易行者爲學而未能因列所當勉之目爲箴揭於左

右以攻巳闕由乎近而至乎遠蓋始諸此非謂足以盡乎

自修之事也

齊台録方正學先生

上帙

30491　正修齊治録二種六卷　〔清〕于準纂　清康熙刻本　瀋陽市圖書館

存五卷（正修録中下、齊治録上中下）

類林新咏卷之一

浙江杭州府錢塘縣儒學歲貢生員　臣　姚之駰

天文部一

天

混沌分靈曜〔河圖括地象〕易有太極是生兩儀兩儀
生四象四象生八卦九垠生卦象

未炎其氣混沌清濁既分伏者為天偃者為地

者為輕清覆穹〔易繫乾度輕清者上為天重濁者下為地〕

廣雅九天之際曰九垠

萬物祖濛鴻〔禮統天地元氣之所〕

生萬物之祖〔帝系譜濛鴻〕莽莽形何貴曰王者何貴對曰

天地初起〔說苑桓公問管仲〕所謂天者非謂

貴天、公仰視天……以百姓為天菴菴色即

蒼莽子天之蒼蒼其菴菴色即其正色耶其遠而無

空所至極耶其視下也亦若是而已矣　旋乾盤古聖

類林新咏卷之一　天

萬世玉衡錄卷一

臣蔣 伊編輯

聖學

法

虞典曰人心維危道心維微維精維一允執厥中爲萬

古聖人心學之宗

夏王禹克勤克儉不寶尺璧而惜寸陰是以能爲聖君

殷高宗舉傅說爲相作說命三篇曰人求多聞時維建

萬世玉衡錄　卷一　聖學　法　一

逸語卷之一

學必第一　　　　　曹庭棟輯會注

程子曰古之學者一今之
學者三異端不與焉一今曰
文章之學二曰訓詁之
學欲趨道含儒者之
之學二曰訓詁之學三曰儒者
乃趨道之階學之始
事也凡二十二章

子曰學必由聖所以致其材也。

極也木之可入於用者曰材人有可用之
如木有可用之材也聖為人道之極故學必
從聖者所以推而極之大其有用之具也○
程子曰莫說第一等讓與別人且做第二
等纔如此說便是自棄文曰百工治器貴於
有用器而不可用不為也學而無所用學於
將何為也愚謂學惟由聖而後有用亦惟學
由聖而後用非小用也○此章見子思子

學兼知行言
由從也致推
學從也致其具
也○學必

逸語
卷一

一

30494　逸語十卷　〔清〕曹庭棟輯注　清乾隆十二年（1747）刻本　遼寧
省圖書館

兵志録　左傳

鄭人侵衛牧以報東門之役衛人以燕師伐鄭鄭祭

足原繁洩駕以三軍軍其前使曼伯與子元潛軍軍

其後燕人畏鄭三軍而不虞制人鄭二公子以制人

敗燕師于北制君子曰不備不虞不可以師

北戎侵鄭鄭伯禦之患戎師曰彼徒我車懼其侵軼

我也公子突曰使勇而無剛者嘗冠而速去之君為

三覆以待之戎輕而不整貪而無親勝不相讓敗不

30495　兵志八卷　〔明〕王守仁纂録　清黃國瑾抄本　黃國瑾跋　遼寧省
圖書館

古今將畧

共計名將論十一家

地利類之三

從來地形即兵形故知險知易上將之智知地知天。

勝乃可全凡地好高而惡下貴陽而賤陰得地之助

即兵之利也故列地利類

用兵之地

孫子曰地形有通者有掛者有支者有隘者有險者有遠

者我可以往彼可以來曰通通形者先居高陽利糧道以

心東地刑卷一　地利　孫子

一

農圃六書卷之一　樹藝

茂苑周之璵纂　友人浦　嶷石隱甫校

地財莫集勤者致富百穀有秋名花維茂居然漢陰草

茅非陋集樹藝

周禮太宰以九職任萬民一曰三農生九穀二曰園藝

草木三農平地農山農澤農也九穀黍稷秫稻麻大小豆

大小麥也園圃謂在田畔樹菜蔬果蓏音裸者李時珍曰木

實曰果草實曰蓏張晏曰有核曰果無核曰蓏

楊泉物理論曰梁者黍稷之總名也稻者溉種之總名也

30497　農圃六書六卷　〔清〕周之璵撰　清順治十一年（1654）大雅堂刻本

大連圖書館

豳風廣義卷之一

茂陵楊 屾雙山氏編輯　男生洲子瀛氏叅閱

門人 巨兆文鳴岐氏 仝較　史德溥子厚氏

幽風王政二圖說

泰中桑蠶之政人矣失傳。邇來生齒日盛費用浩繁。
衣被不敷閭閻漸艱。若非力為振興。歲計何能有補。
因思古先聖賢以詩書垂訓。原欲敎人力行實事。非
徒為章句之說。而泰之桑蠶載諸豳風王政昭然紙

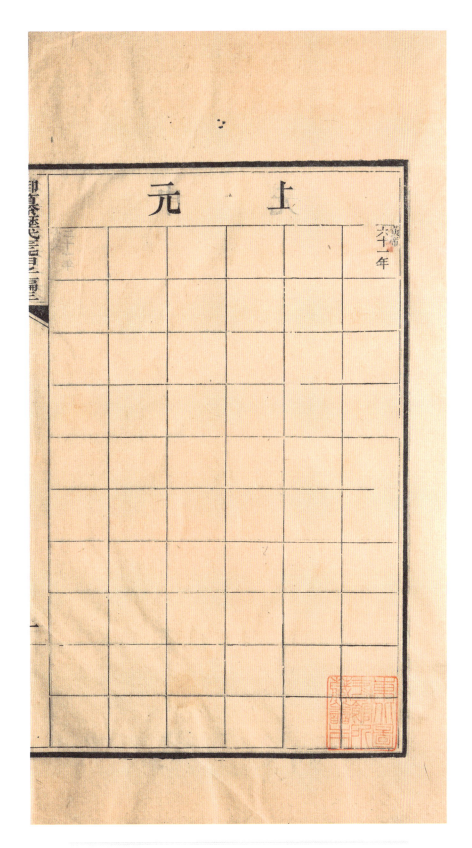

30499　御纂歷代三元甲子編年一卷附御定萬年表不分卷　〔清〕

欽天監纂修　清乾隆武英殿刻本　遼寧省圖書館

30500　**金匱心典三卷**　〔漢〕張仲景撰　〔清〕尤怡集注　清雍正十年（1732）
刻本　遼寧省圖書館

痘疹會通卷之一

江右盱城曾
鼎香田氏纂述

後學章
姪炳蘇生　校正
　　煥賓谷　校正
　　經緯大全　校

痘原論

易曰大哉乾元萬物資始又曰至哉坤元萬物資生

蓋小兒出痘皆由胎毒之故俟時氣流行所發人生

所不能免也故名之曰痘痘之命名其說不一有曰

傷寒舌鑑

長洲張登延先豪纂
同邑邵之鵬三山較

白胎舌總論

傷寒邪在皮毛初則舌有白涎次則白延自潤再次
白屑白疱有舌中舌尖舌根之不同是寒邪入經之
微其也舌乃心之苗心屬南方火竇赤色今反見白
邑者是火不能制金也初則寒鬱皮膚毛竅不得疏
通熱氣不得外泄故惡寒發熱存太陽經則頭痛身

30502　傷寒舌鑑一卷　（清）張登彙纂　（清）邵之鵬校　清康熙七年（1668）

刻本　遼寧省圖書館

本草詩箋卷一

吳郡 東樵 朱鑰 著

諸水

甘瀾水

張仲景煎入脾藥作甘瀾水
揚之萬遍取流利不助腎邪

萬遍揚來共藥煎流行活潑勝甘泉從教沁入

脾經去腎水邪難作比肩

百勞水

杓揚百遍名百勞水
其激揚以除陳積也

破費工夫不憚勞安瀾頻起浪滔滔入胸排宕

除陳積自可扶持藥力高

潦水

成無已曰仲景治傷寒瘀熱在裹身黃麻黃
連軺赤小荳湯煎用潦水取味薄不助溼熱

連軺赤小荳湯煎用潦水取味薄不助溼熱

30503　本草詩箋十卷　（清）朱鑰撰　清乾隆二十二年（1757）刻本

遼寧省圖書館

30504　醫林指月二十卷　（清）王琦輯　清乾隆三十二年（1767）王琦
刻本　遼寧省圖書館

瘡瘍經驗全書卷之一

宋燕山竇漢卿輯著

天都洪瞻巖　全校
桐川陳友恭

咽喉說一

呼者因陽出吸者隨陰入呼吸之間肺經主之喉嚨

巳下言六臟爲手足之陰咽門巳下言六腑爲手

足之陽蓋諸臟屬陰爲裏諸腑屬陽爲表以臟者

藏也藏諸神流通也腑者府庫主出納水穀糟粕

轉輸之謂也自喉嚨巳下六臟喉應天氣乃肺之

系也以肺屬金乾爲天乾金也故天氣之道其中

浩然樓

30505　瘡瘍經驗全書十三卷　（宋）竇漢卿輯著　清康熙五十六年（1717）
陳友恭浩然樓刻本　遼寧省圖書館

景岳全書　卷之一　入集

會稽　張介賓　會卿　著
會稽　魯　超　謙菴　訂

傳忠錄 上

明理 一

萬事不能外乎理而醫之於理爲尤切散之則理爲萬象會之
則理歸一心夫醫者一心也病者萬象也舉萬病之多則醫道
誠難然而萬病之病不過各得一病耳譬之此極者醫之一心
也萬星者病之萬象也欲以此極而對萬星則不勝其對以此
極而對一星則自有一線之直彼此相照何得有差故醫之臨
證必期以我之一心洞病者之一本以我之一對彼之一旣得
一眞萬疑俱釋豈不其易乎一也者理而已矣苟吾心之理明則

30506　景岳全書六十四卷　（明）張介賓撰　（明）魯超訂　清乾隆三
十三年（1768）越郡蔡照樓刻本　遼寧省圖書館

六壬經緯卷之一

京江 毛志道正儒著

演法

干支

演六壬數先以本日干支爲主而陰陽五行生尅

由是推之其陽干甲丙戊庚壬陰干乙丁己辛癸

陽支子寅辰午申戌陰支丑卯巳未酉亥五行甲

乙寅卯屬木丙丁巳午屬火庚辛申酉屬金壬癸

亥子屬水戊巳辰戌丑未屬土生尅水生木木生

堪輿經卷之上

地仙蕭　克智深甫著

會稽鍾之模式林氏訂

正宗第一

天開地闢覆載之中萬物化生惟人為貴稟

陰陽二氣承山川鍾秀地氣運行人隨衰旺

大則大與小則小存山川有剛強柔弱人有

善惡賢愚富貴貧賤何莫不由情性賢邪盡

30508　堪輿經二卷　（明）蕭克撰　（清）鍾之模訂　清雍正七年（1729）
刻本　瀋陽市圖書館

陽宅傳心四集卷之一

武塘許　明子遠澹園甫輯

男　榮九一果庵甫續補

○○陽宅秘旨

陽宅陰墳龍無異但有穴法分險易陰穴小巧亦可扦陽

宅須用寬平勢明堂宜須容萬馬應堂門廊先立位東廂

西塾及庖厨庭院樓臺園圃地三十六條分屋眷三百六

十定礎位或從山居分等級或是廣板得平地水木金土

四星龍此作住基終吉利惟有火星甚不宜只可剪裁作

陽宅傳心　　卷一　　　　　　　一　　　學愚齋

30509　陽宅傳心四集四卷　（清）許明輯　清雍正十年（1732）吳郡緑

蔭堂刻本　瀋陽市圖書館

宅譜修方催生一卷

彭山蓬窠子口授

海寧陳實齋

高安朱可亭　先生鑒定

荊鄉青江子遠輯

受業　周文光靚

周如山靜安　校

問催生本疇

曰人丁固關係乎陰地胎孕尤緊切於陽居地戶塞墩胎不得

受生方破陷孕亦中傷宅基形召形門戶氣感氣不犯三十二

絶穴恐犯二十一絶山不犯二十一絶山最嫌八卦相尅制震

為長屬木坎為中屬水長為少屬土金尅震絶長土尅坎坎絶

修方催生

（一）卷

30510　陽宅大成四種十五卷　（清）魏青江撰　清乾隆三十八年（1773）

懷德堂刻本　瀋陽市圖書館

陽宅集成卷一 乾

華亭餐霞道人姚廷鑾 瞻旌 纂輯

同砒

陸榮毿 季先 同叅

王汝元 體仁

錢雍壤 惟琳 同校

顧鳳池 勵忠

第一 看龍法

餐霞道人曰審龍之法山與平洋不同山以大勢

奔馳左右環抱風不能吹乃爲有脉有氣故附山

30511　陽宅集成八卷　〔清〕姚廷鑾撰　〔清〕陸榮毿　王汝元叅　〔清〕

錢雍壤　顧鳳池校　清乾隆十六年至十九年（1751-1754）刻本　遼寧省圖書館

新編秘傳堪輿類纂人天共寶卷之一

經類

海陽黃慎仲修父編次

祁門許捷雲賓父叅定

青烏經

秦樗里子

盤古渾淪氣萌太樸分陰分陽為清為濁生老病尨誰實王之

無其始也無有議焉不能無也吉凶形焉易如其無何惡於有

藏於杳冥實關休咎以言諭人似若非是其於末也一無外此

其若可忽何假於尋辭之靡矣理無越斯山川融結峙流不絕

此理人天共寶卷之一　青烏　一

張宗道先生地理全書

論穴法生氣秘語

地理家以葬口名為穴者如人身針灸之穴也

人身上之穴乃氣脈所鍾之處鍼之得法百病

可瘥一失其道連命俱喪故居人葬骨之所皆

謂之穴今後爾等人問穴即以此答之穴者千

里來龍五尺入手一席之地關禍福焉故曰莹

勢尋龍易登山點穴難若然差一指如隔萬重

山穴之難明者此也爾等既如尋龍當知點穴

30513　張宗道先生地理全書　（明）張宗道撰　清康熙三十四年（1695）

書業堂刻本　瀋陽市圖書館

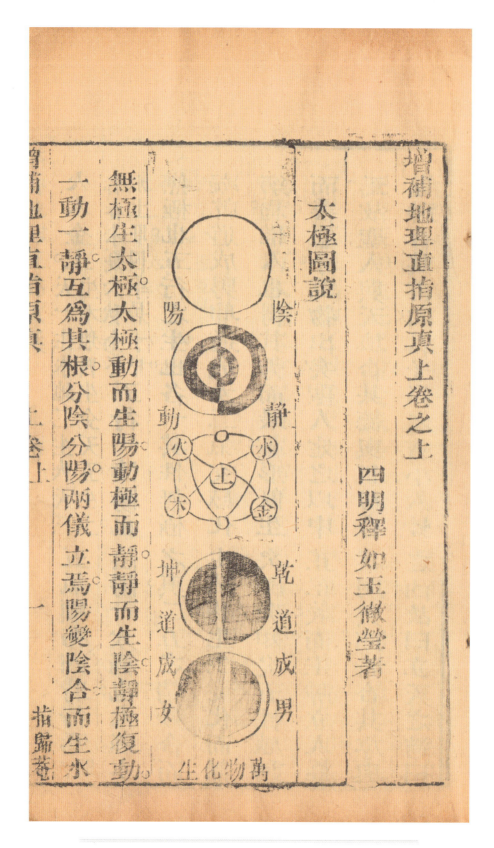

太極圖說

增補地理直指原真上卷之上

四明釋如玉徹瑩著

無極生太極太極動而生陽動極而靜靜而生陰靜極復動

一動一靜互爲其根分陰分陽兩儀立焉陽變陰合而生水

乾道成男

坤道成女

陽

陰

動

靜

火

水

木

土

金

萬物化生

增補地理直指原真

上卷上

指歸卷

30514　增補地理直指原真大全四卷　（清）釋如玉撰　清乾隆四十八年（1783）文盛堂刻本　瀋陽市圖書館

佩文齋書畫譜卷第一

論書一　書體上

伏羲書

古者伏羲氏之王天下也始畫八卦造書契以代結繩
之政由是文籍生焉　孔安國尚書序

倉頡書

倉頡之初作書蓋依類象形故謂之文其後形聲相益
即謂之字字者言孳乳而浸多也著於竹帛謂之書書
者如也以迄五帝三王之世改易殊體封於泰山者七
十有二代靡有同焉　許慎說文序

周六書

30515　佩文齋書畫譜一百卷　〔清〕孫岳頒等纂輯　清康熙四十七年
(1708）內府刻靜永堂印本　遼寧師範大學圖書館

545

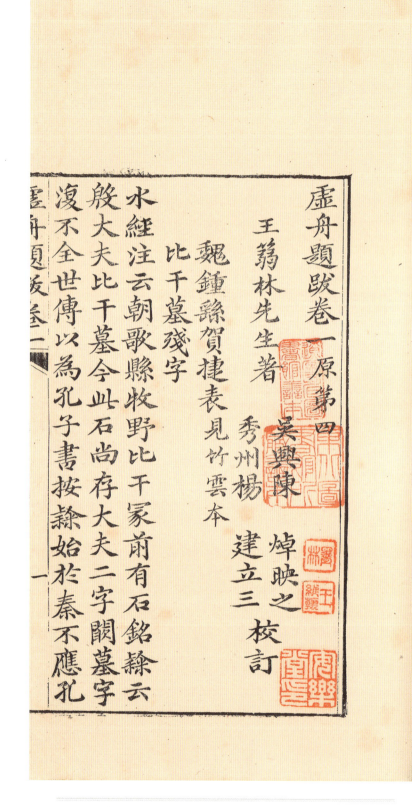

虛舟題跋卷一 原第四

王翬林先生著

秀州楊　　吳興陳

　焯映之　　建立三校訂

魏鍾繇賀捷表見竹雲本

比干墓殘字

水經注云朝歌縣牧野比干冢前有石銘繇云

殷大夫比干墓今此石尚存大夫二字闕墓字

復不全世傳以為孔子書按繇始於秦不應孔

30516　虛舟題跋十卷又三卷竹雲題跋四卷　〔清〕王澍撰　清乾隆三
十五年〔1770〕楊建刻三十九年〔1774〕續刻本　遼寧省圖書館

墨池編卷第一

吳郡　朱長文伯原　纂次

字學

說文序　　　許慎

古者庖犧氏之王天下也仰則觀象於天俯則觀法於
地視鳥獸之文與地之宜近取諸身遠取諸物於是始
作易八卦以垂憲象及神農氏結繩為治而統其事庶
業其繁飾偽萌生黃帝之史蒼頡見鳥獸蹄迒之跡知
分理之可相別異也初造書契百工以乂萬品以察蓋
取諸夬夬揚於王庭言文者宣教明化於王者朝廷君
子所以施祿及下居德則忌也蒼頡之初作書蓋依類

30517　墨池編二十卷　〔宋〕朱長文纂　**印典八卷**　〔清〕朱象賢編

清雍正十一年（1733）就閑堂刻本　瀋陽故宮博物院

琴史卷第一　　　　朱長文 伯原

帝堯　帝舜　大禹

成湯　太王　王季

文王　武王　成王

周公　孔子　許由

夷齊　箕子　微子

伯奇　介之推　史魚

顏子　子張　子夏

閔子　子路　曾子

原思　宓子賤

30518　琴史六卷　〔宋〕朱長文撰　清康熙四十五年（1706）揚州詩局

刻本　遼寧省圖書館

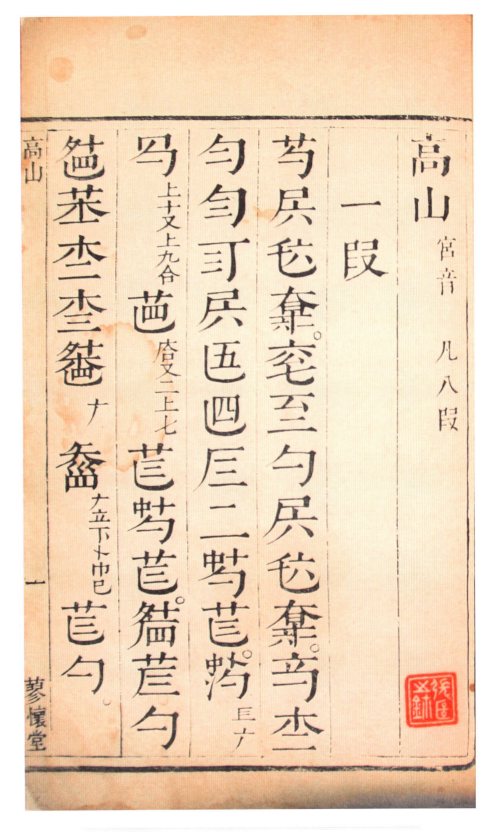

30519　蓼懷堂琴譜　（清）雲志高撰　清康熙二十五年（1686）刻本
瀋陽音樂學院圖書館

文房肆攷圖說

家先生桐園公閲

家宰地山曹大人鑒定

第一卷

像圖彙攷

古婁姊丈馮孝壽愚亭同纂

上海表兄康　愷飲和參繪圖

練水　唐秉鈞衡銓纂

弟　秉鉽

甥　馮以炳　仝校

30520　文房肆攷圖說八卷　（清）唐秉鈞撰　（清）康愷繪　清乾隆四

十三年（1778）竹映山莊刻本　瀋陽師範大學圖書館

鹽書

國証

大梁周亮工櫟園 輯

余廉切羽次濁音説文

鹽

鹹也从鹵監俗作塩非説文

鹽音豔

鹽書

禮記郊特牲而流示之禽而鹽諸利合於去聲五十

佩文齋廣羣芳譜卷第一

天時譜

春

增 [禮記]鄉飲酒義東方者春春之為言蠢也產萬物者

聖也 [注]蠢動生之貌也聖之為言生也 [疏]東方產萬

物故為春為聖 [爾雅]春為青陽 [注]氣青而溫陽 春

為發生 [公羊傳]春者何歲之始也 [注]春者天地開闢

之端養生之首 [管子]東方曰歲星其時曰春其氣曰

風風生木 [梁元帝纂要]春曰陽春青春芳春三春九

春風日陽風春風暄風柔風惠風景風媚景時日艮時

嘉時芳時辰日艮辰嘉辰芳辰節日華節芳節嘉節艮

尸子存疑

吳縣王仁俊斠　蕭山汪繼培輯　湖海樓刊本

仁俊批此語不見戰國策

仁俊批此卷皆散見宜附于下卷之後

鄭人謂玉朱理者爲璞文選演連珠注

按此見尹文子

深根固蔕　類聚八十八

按類聚有兩刻八十八卷一本引尸子曰木之精氣

曰必方又曰深根固蔕一本此句別爲一條稱聲子

曰在謝承後漢書之後按老子德經云有國之母可

以長久是謂深根固蔕長生久視之道聲子蓋老子

尸子存疑

一

30523　尸子二卷存疑一卷　（清）汪繼培輯　清光緒三年（1877）浙江
書局刻二十二子本　王仁俊校　遼寧省圖書館

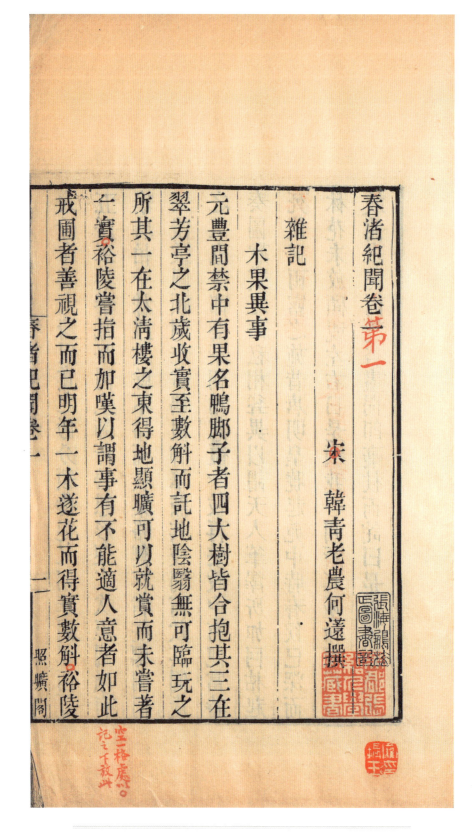

30524　春渚紀聞十卷　（宋）何薳撰　清嘉慶十年（1805）張海鵬刻學津

討原本　羅振玉跋　遼寧省圖書館

提綱處下手處。
兩字括盡開卷
了然
居敬又須窮理
故次論讀書
寶功

困學錄集粹卷之一

儀封張伯行敬菴著

永城後學李汝霖雨蒼較

河干公餘

仁者天地生物之心敬者聖學之所以成始而成終
者也萬善之理統於一仁千聖之學括於一敬故
道莫大於體仁學莫先於主敬

讀書須是體貼在自己身心上則讀一句得一句之
力讀一章得一章之力方為真實讀書方於自己

困學錄集粹 卷之一

男師栻正字
男師載正字

30525　困學錄集粹八卷　（清）張伯行撰　（清）李汝霖校　（清）張師栻

張師載正字　清雍正刻本　遼寧省圖書館

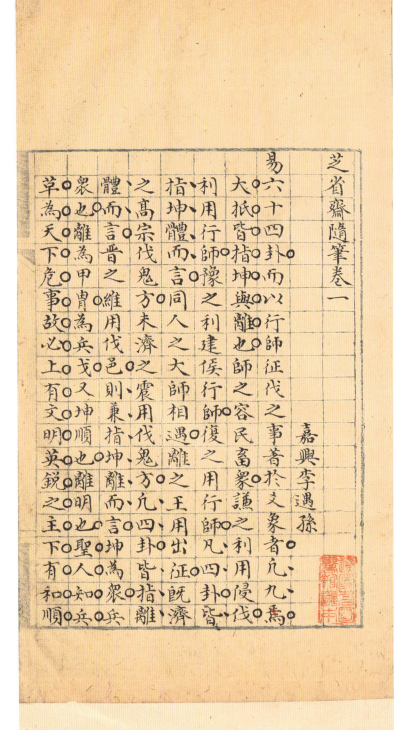

芝省齋隨筆卷一　　嘉興李遇孫

易六十四卦○而以行師征伐之事著於文象者○凡九焉○

大抵皆指坤之與離也○師之容民畜衆○謙之利用侵伐○

利用行師指坤體而言○同人之利建侯行師○師相遇離之○王用出征○既濟皆

指坤體而言○晉之維用伐邑○則兼指坤離而言○坤為眾○指兵○

之高宗伐鬼方○未濟之震用伐鬼方○而言○聖人○如兵○

體也而言晉之維用伐邑○則兼指坤離○離明也言○坤為眾○如兵○

眾也○離為甲胄為兵戈○又坤順也○離明○

草為天下危事故○必上有文明○英銳之主○下有和順○

30526　芝省齋隨筆八卷　（清）李遇孫撰　稿本　葉敬題記　遼寧省圖書館

存五卷（一至五）

讀書雜述卷一

山陽李鎧惺菴著

讀書

六經四子書言學言政萬世之規矩權衡資之用者也非空言也後人考辨雖精率由未篤終負聖賢垂訓之旨不得謂之善讀書

多讀書事事以理自勝祈嚮既端自不蹈危履險而夭下誘我以非分惑我以理之所無者皆無從而入矣

讀書不識人倫道理雖破萬卷奚益

少年初受書便知舉子文取科第之外更有向上事業

30527　讀書雜述十卷　〔清〕李鎧撰　清乾隆二十六年〔1761〕李氏愘素堂刻本　遼寧省圖書館

庸行編卷之一

達觀類

廣陵史　典揥臣父原輯

析津牟允中叔庸父參補

閭山尚朝柱孿一父校梓

堯舜執中之傳子思子又加一庸字豈以中之意有未
盡乎蓋中玄虛莽無把捉庸平常確有持循堯舜以
來相傳之意傳者中而意卽庸也非有二也故德曰
庸德言曰庸言只此一庸而聰明識解之士多消煞

30528　庸行編八卷　〔清〕牟允中輯　清康熙三十一年（1692）尚朝柱、
尚詮源澹寧堂刻本　遼寧省圖書館

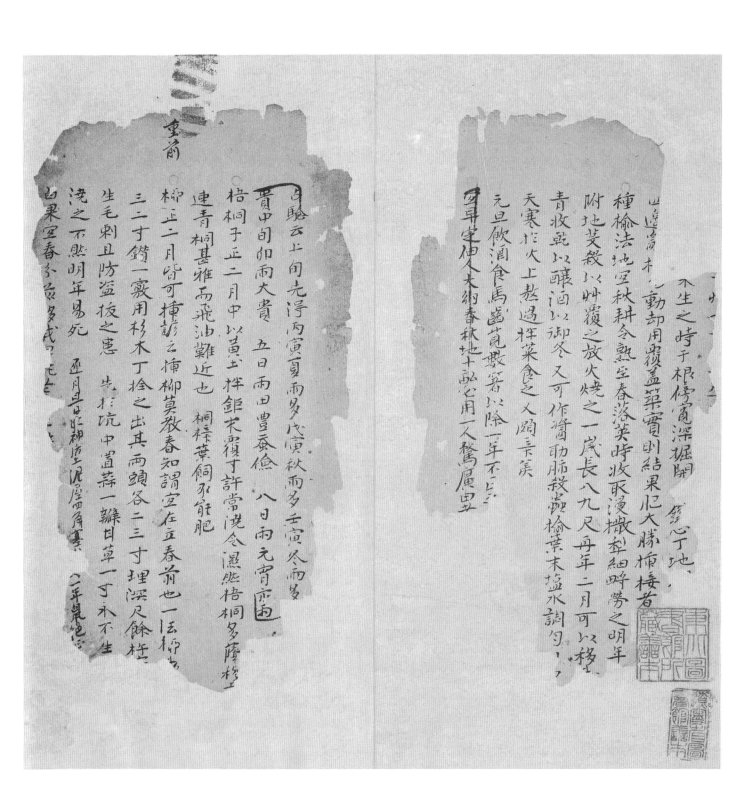

30529　聊齋雜著不分卷　〔清〕蒲松齡撰　稿本　遼寧省圖書館

遠色編卷上

經籍垂訓

孔子家語魯人有獨處室者隣之嫠婦亦獨處一室
夜暴風雨嫠婦之室壞趨而托焉魯人閉門不納嫠
婦自牖與之言曰子何不仁而不納我乎魯人曰吾
聞男女不六十不同居今子幼吾亦幼是以不納也
嫠婦曰子何不如柳下惠魯人曰柳下惠則可吾則
不可吾將以吾之不可學柳下惠之可孔子聞之曰
善哉欲學柳下惠未有似此者

30530　遠色編三卷　（清）彭啓豐撰　清乾隆三十八年（1773）姑蘇厚德堂刻本　遼寧省圖書館

新刻逸田叟女仙外史大奇書

西王母琯池開宴

女仙唐賽兒也。說是月殿嫦娥降世當燕王兵下南都之

日。賽兒起義勤王奪奉建文皇帝位。號三十餘年而今敍

他的事。有關於正史故曰女仙外史。請問安見得賽兒是

嫦娥降世勞頭遠句諾似乎太懸虚了。看書者不信待老

夫先說箇極有攷據的引子起來。茱蘋簀崇皇帝因毀於

嗣亂建造聰靈宮祈子誠格上天。瓜帝間仙頂列宿誰肯

下界爲大宋太平天子兩班中競無應者。止有赤鄉火仙

微笑。上帝目笑者未免有情遂命大仙轉證孌生之後號

天狼星月殿求媚

30531　新刻逸田叟女仙外史大奇書一百回附目録不分卷 　（清）

呂熊撰　清雍正鈞璜軒刻本　魯迅美術學院圖書館

佩文韻府卷一

上平聲

一東韻

東　同　銅　桐　筒　童　僮　弓　躬　宮　融　雄　忠　熊　蟲

沖　終　馮　風　崇　嵩　菘　充　躬　瞳　公　工　攻　蒩　穹　蒙

窮　籠　通　蓬　瓏　豐　烘　洪　隆　空　公　功　忽　酆　葱　峒

濛　驄　梇　澧　癃　懞　夢　潼　紅　鴻　虹　叢　緵　罿　雺　縱

罿　盦　狨　翀　仲　崧　彤　溇　豭　矇　訌　蔑　蕫　夔　繺　侗

凍　瞳　鮦　恫　忡　總　熜　仝　夢　朦　肛　羷　蛦　變　嵷　雺

曹　璁　栱　恫　鬠　恩　撨　芃　朧　朦　酃　蝀　絧　燮　艫　雯

犝　甐　爣　氄　竀　悾　矇　朦　罞　曚　阽　軦　侗　釭　鱸　柊

麗　浤　叢　簗　燮　艘　朣　衚　氀　尥　穜　詗　峒

30532　佩文韻府一百六卷　〔清〕張玉書　蔡升元等輯　清康熙五十年（1711）揚州詩局刻本　遼寧省圖書館

韻府拾遺卷一

上平聲

一東韻

种 櫻 崧 罿 驄 濛 窮 沖 東
駴 崬 芄 叅 驄 籠 馮 終 同　銅
芎 艟 鄋 狨 通 韸 楓 戎 桐　筒
渢 窿 罋 癃 蓬 橦 崇 童
䙰 朦 舡 嫠 逄 矓 豐 菘　僮
毆 憁 饛 潨 烘 洪 充 噇
鬃 曨 瞢 豇 潼 紅 隆 弓　僮
蝀 曨 璁 蒙 曚 鴻 容 射　噇
峻 漨 襘 䝉 朧 虹 公 宮　箐
䶸 夑 恫 豵 窮 叢 功 融　中
絨 衕 鬆 涷 怱 翁 工 雄　衷
　 賊 總 瞳 䲡 慈 攻 熊　忠
　 種 徖 忡 峒 聰 蒙 窅　蟲

30533　韻府拾遺一百六卷　〔清〕張廷玉　汪灝等撰　清康熙五十九年
（1720）內府刻本　遼寧省圖書館

類書纂要卷之一

武林次辰黃太史鑒定

　　　　　　　　　　無錫周　魯南林　輯

　　　　　　　同邑侯　杲仙蓓　叄

天文類

天地

天尊地甲　易知簡能　成象效法　靜專動直

廣生　　靜翕動闢　設位　天地設位而　坤闢戶　大生
　　　　　　　　　　　易行乎其中　闔戶乹兩

儀　貞觀　確然　乾　天地絪縕萬物化醇
　　　　　　貌　賁然　坤順貌　天地

熙嬭　天覆育　地穿壤　天地馮翼　天闢地垠
　　　　　　　　地憑翼、天地堪輿、總名

類書纂要百女　　　　　　　　〔卷之一〕

30534　類書纂要三十三卷　　〔清〕周魯輯　清康熙姑蘇三槐堂刻本

遼寧省圖書館

讀古人書如能
隨處印證正如
聚古今來許多
良師益友日夕
切劇那得無益

學以學為人問
以問所學人若
於初上學時將
此二字解得真
不患書自書我
自我而可望其

嘉懿集初鈔

卷一讀書一

讀書第一　讀書之道不徒記誦不尚詞章然亦不得竟
業為無用也知其理得其法致其功惟在善

世間事無巨細都有古人留下得法程繞行一事便思古人處這
般事如何繞處一人便思古人處這般人如何至於起居言動語
默無不如此久則與古人稽而既與道合矣其要只在存心其工
夫又在誦詩讀書時便想曰此可以為我其事之法可以藥我其
事之病如此則臨事時觸之即應不待思索矣　合下呂叔簡
聖賢千言萬語經史千帙萬卷都是教人學好禁人為非若以先
哲為依歸前言為律令即一二語受用不盡若依舊作世俗人或
更汙下即將蒼頡以來書讀盡也只是箇沒學問的人

30535　嘉懿集初鈔四卷續鈔四卷　〔清〕高嶟輯　清乾隆五十四年
（1789）培元堂刻本　遼寧省圖書館

省軒考古類編卷一

仁和柴紹炳虎臣纂　　燕亭姚培謙季山評

長洲汪忠琬茗文　　纘勳希武訂

宣城施閏章尚白　　鐵嶺高越步青、

石門呂氏　參

寧都魏禧冰叔

天文考

男　世堂胥山校

姪　謙南屏校

何謂天天者積氣輕清而上浮者也其性健其象圜于

易乾爲天爲圜乾者健也以性情言之爲乾以宰制言

之爲帝以形色言之爲玄故孔子曰天玄而地黃而或

30536　省軒考古類編十二卷　（清）柴紹炳撰　（清）姚培謙評　清雍正四年（1726）刻本　瀋陽故宮博物院

天方典禮擇要解卷之一

原教篇

　　　　　　　　　　金陵劉　智　介廉甫纂述

　　　　　　　海陽俞　楷陳芳點訂

　　　　山陽楊斐棻淇益枝梓

維初太始萬物未形惟一眞宰無方無似

無物之初惟一眞宰之本然至清至靜無方

所無形似不牽於陰陽不屬於造化實天地

人物之本原也一切理氣皆從此本然而出

御錄經海一滴卷之一

大方廣圓覺修多羅了義經

如是我聞一時婆伽婆入於神通大光明藏三昧正

受一切如來光嚴住持是諸衆生清淨覺地身心寂

滅平等本際圓滿十方不二隨順於不二境現諸淨

土。

爾時世尊告文殊師利菩薩言善男子無上法王有

大陀羅尼門名爲圓覺流出一切清淨眞如菩提涅

槃及波羅密教授菩薩一切如來本起因地皆依圓

照清淨覺相永斷無明方成佛道云何無明善男子

御錄經海一滴　卷一　圓覺經

一

30538　御錄經海一滴六卷　〔清〕世宗胤禛録　清雍正十三年（1735）

武英殿刻本　遼寧省圖書館

莊子卷第一

莊子
內篇逍遙遊第一

郭象子玄註　陸德明音義

夫小大雖殊而放於自得之場則物
任其性事稱其能各當其分逍遙一
也豈容勝負於其間哉○北音義曰內
篇者對外立名也內者對內而言之
說文云篇書也字從竹從冊者草名耳非也道
作消遙如字亦作搖遊如字逍遙者篇名義亦
取開放不拘怡適自得夫音符瑒直艮反稱尺證反當
丁浪反分符問反

北冥有魚其名為鯤鯤之大不知其幾千里也化而為
鳥其名為鵬鵬鯤之實吾所未詳也夫莊子之大意在
以明性分之適達觀之士宜要其會歸而遺其所寄不
足事事曲與生說自不害其弘旨皆可略之耳○北冥本

30539　莊子十卷　（晋）郭象注　（唐）陸德明音義　清光緒二年（1876）

浙江書局刻本　王仁俊校并跋　遼寧省圖書館

若曰鵬之不知其幾千
里也便板分出背翼
作兩層寫參差可觀

逍遙遊

北冥有魚其名為鯤鯤之大不知其幾千里也化而
為鳥其名為鵬
生鯤潛鵬化靜極而動陰陽從義海
總在一氣混茫中故南北皆稱冥
鵬之背不知其
幾千里也怒而飛其翼若垂天之雲
一句東上一句起至下不相干
且言背翼是鳥
也海運則將徙於南冥南冥者天池也齊諧者志怪
者也
裁作一聯又法奇橫已極
何孟春曰齊諧無是書是其劇耳南冥諧之言
天池陸注隨截齊諧志怪陸提隨喝
曰鵬之徙於南冥也水擊三千里摶扶搖飆颸而上
者九萬里去以六月息者也
郎大宗師之其息深深
諧言止此息蓋言呼吸
韻學而土

南華經

卷一逍遙遊

一

30540　南華簡抄四卷　（清）徐廷槐撰　清乾隆六年（1741）藜照樓刻本
遼寧省圖書館

真詮上

邢上玄同子

按修僊辨惑論上品丹法中和集最上一乘與指玄

篇白雪虛無黃芽圓覺之說似皆知虛無大道之妙

但見地不徹想像湊合上攀性學無能純至下戀命

宗諸喻不能割捨二俱失之矣虛無大道豈容有一

毫夾雜哉

忘精神而超生之道

道詮

極玄宗旨

趙古蟾心書曰三教之道同一心地法門修僊者修此

真詮上

真全上

30541　真詮二卷遇真記一卷　〔明〕桑喬撰　清康熙四十九年（1710）
彭定求刻本　遼寧省圖書館

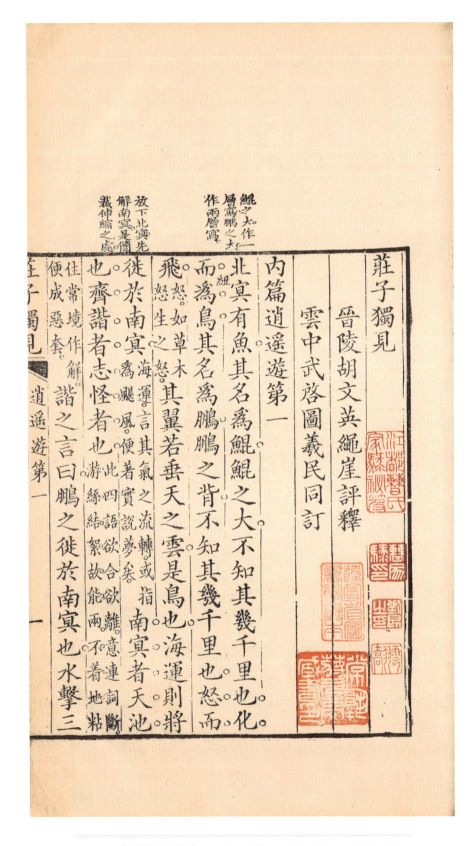

莊子獨見

晉陵胡文英繩崖評釋

雲中武啓圖羲民同訂

内篇逍遙遊第一

北冥有魚其名爲鯤鯤之大不知其幾千里也化
而爲鳥其名爲鵬鵬之背不知其幾千里也怒而
飛怒如草木其翼若垂天之雲是鳥也海運則將
徙於南冥南冥者天池也
齊諧者志怪者也
諧之言曰鵬之徙於南冥也水擊三

〔旁注〕鯤之大作一紐　屬爲鵬之大　作疊韻

〔旁注〕飛怒生之　怒是指南冥者天　海運言其氣之流轉或

〔旁注〕徙於南冥爲颶風　便著實說夢矣　此四語欲合欲離意連詞斷

〔旁注〕也游絲結絮故能兩不著地粘

〔旁注〕義伸縮之處　解南冥是簡　放下北溟先

〔旁注〕住常境作解　便成惡套

〔左欄〕莊子獨見　逍遙遊第一　一

30542　莊子獨見不分卷　〔清〕胡文英撰　清乾隆刻本　遼寧省圖書館

莊子卷之一

貴池吳世尚註評

宛陵湯奠邦參訂

南華經內篇

莊子自名其書曰南華經而分爲內外雜

三篇內篇凡七各有命題則尤其精力之

阿注也

逍遙遊第一

卷之一　逍遙遊第一

30543　莊子解三卷　（清）吳世尚撰　清康熙五十四年（1715）光裕堂

刻本　遼寧省圖書館

莊子卷之一

南華子內篇

貴池吳世尚註評

莊子自名其書曰南華子而分爲內外雜三篇內

篇凡七各有命題則尤其精力之所注也

逍遙遊第一

逍遙郎今方言活潑潑三字也活潑潑者內

外本末巨細精粗全體大用兼該畢貫之謂也

是故鳶飛魚躍道之活潑潑也必有事焉而勿

正心之活潑潑也四時行百物生天地之間無

一而不活潑潑也活潑潑所以爲大也故一篇

莊子卷之一 逍遙遊 一

30544　莊子解十二卷　〔清〕吳世尚撰　清雍正四年（1726）吳氏易老莊
書屋刻本　遼寧省圖書館

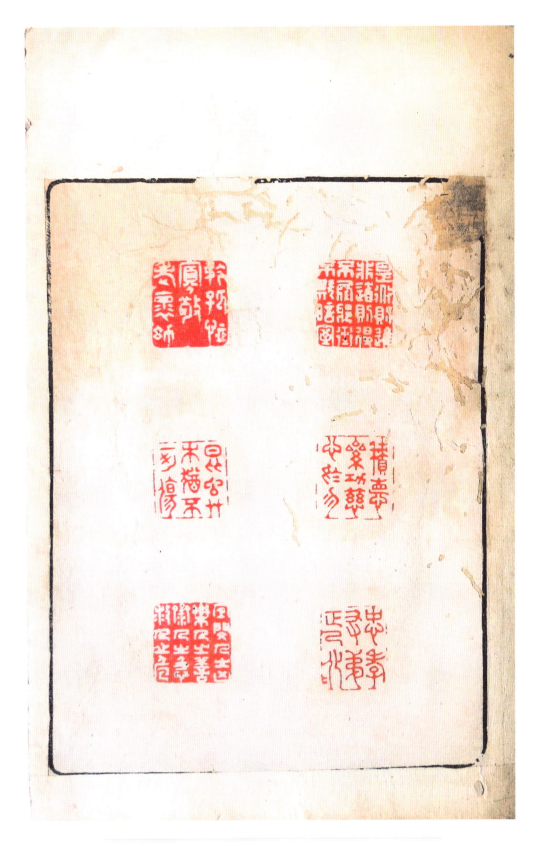

30545　**感應篇不分卷**　〔清〕吳天儀摹刻　清雍正三年（1725）刻本

瀋陽故宮博物院

忠義神武靈佑關聖大帝覺世寶訓圖說卷一

敬天地

〔箋註〕天空地濶人以一身處其間渺乎微也天則有神地則有祇此蹐高蹐厚之君子所以不動而敬也昔人謂學者主敬工夫不得空持今卽敬天地一念亦是靠實用工處諸邪萬惡但以一敬字掃蕩之而有餘

〔引言〕胡敬齋曰敬者德之聚也敬則衆善畢集不敬則怠惰放僻隨至而德敗矣○禮記曰若有疾風迅雷甚雨則必變雖夜必興衣服冠而坐或問

關帝寶訓圖說 卷一 敬天地 一 懷永堂

30546 　忠義神武靈佑關聖大帝覺世寶訓圖說五卷首一卷 　〔清〕

沈維琪撰 　〔清〕胡文欽繪 　清乾隆三十五年（1770）沈維琪懷永堂刻三十九年（1774）補序本 　遼寧省圖書館

陶詩彙注卷一

歙吳瞻泰東巖輯　門人程崟夔州叅訂

四言

停雲 并序

停雲思親友也罇湛新醪園列初榮

願言不從歎息彌襟

靄靄停雲濛濛時雨八表同昏平路伊阻靜寄東

軒春醪獨撫良朋悠邈搔首延佇

停雲靄靄時雨濛濛八表同昏平陸成江有酒有

酒閒飲東窗願言懷人舟車靡從

劉孝標四言自曹氏父子王仲宣
陸士衡後惟陶公最高停雲榮
木等篇殆突過建安矣又曰四言
尤難以三百五篇在前故也

30547　陶詩彙注四卷首一卷末一卷　　（清）吳瞻泰輯　論陶一卷

（清）吳崧撰　清康熙四十四年（1705）程崟刻本　胡嗣瑗批校　遼寧省圖書館

王右丞集卷之一

仁和趙殿成松谷箋註

古詩十首

奉和聖製天長節賜宰臣歌應制

太陽升兮照萬方開閶闔兮臨玉堂儼晨旒兮垂衣
裳金天淨兮麗三光彤庭曙兮延八荒德合天兮禮
神遍靈芝生兮慶雲見唐堯后兮稷卨臣匪宇宙兮
華胥人盡九服兮皆四鄰乾降瑞兮坤獻珍　作降
（獻一）
天長節　揮塵錄唐明皇實錄云開元十七年秋八
月上降誕之日大置酒合樂燕百官于花
萼樓下尚書左丞相源乾曜右丞相張說率百官
上表願以八月五日為千秋節著之甲令布于天

王右丞集卷之一

仁和趙殿成松谷箋註

古詩十首

奉和聖製天長節賜宰臣歌應制

太陽升兮照萬方開閶闔兮臨玉堂儼晃旒兮垂衣
裳金天淨兮麗三光彤庭曙兮延八荒德合天兮禮
神遍靈芝生兮慶雲見唐堯后兮稷卨臣匝宇宙兮
華胥人盡九服兮皆四鄰乾降瑞兮坤獻珍　獻一作降

天長節　月上降誕之日大置酒合樂燕百官于花
萼樓下尚書左丞相源乾曜右丞相張說率百官
上表願以八月五日爲千秋節著之甲令布于天

30549　王右丞集二十八卷首一卷末一卷　（唐）王維撰　（清）趙殿
成箋注　清乾隆刻本　遼寧省圖書館

杜工部集卷之一

虞山蒙叟錢 謙益 箋註

古詩五十五首

○奉贈韋左丞丈二十二韻 天寶末獻府并陷賊中作。

紈袴不餓死儒冠多誤身丈人試靜聽賤子請具陳
甫昔少年日一作妙年早充觀國賓讀書破萬卷下筆如有
神賦料楊雄敵詩看子建親李邕求識面王翰願卜
為鄰上作自謂頗挺出生一作立登要路津致君堯舜上再使
風俗淳此意竟蕭條行歌非隱淪騎驢三十載旅食
京華春朝扣富兒門暮隨肥馬塵殘杯與冷炙到處
潛悲辛主上頃見徵欻然欲求伸青冥却垂翅蹭蹬

調整氣逸居
然初唐其直敘
李多自言所保
然不善學之則
傷雅歆姚舍之
而敢置諸楚
筆路甚大乃不
可及
每讀此篇身世
遼哀三感泣下

30550　杜詩詳注二十卷　（唐）杜甫撰　（清）錢謙益箋注　諸家詩
話一卷　清康熙六年（1667）季氏静思堂刻本　遼寧省圖書館

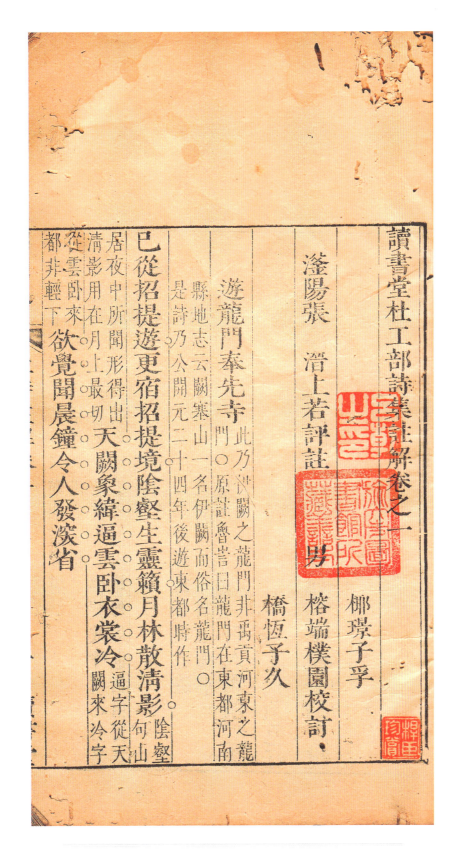

讀書堂杜工部詩集註解卷之一

瀋陽張　溍上若評註

榔璟子孚
榕端樸圍校訂
橋恆子久

遊龍門奉先寺　此乃嵩之龍門非禹貢河東之龍門在東都河南縣地志云闕塞山一名伊闕而俗名龍門○原註魯峕曰龍門是詩乃公開元二十四年後遊東都時作

已從招提遊　更宿招提境陰壑生靈籟月林散清影　陰壑逼字從天山

居夜中所聞形得出天闕象緯逼雲臥衣裳冷清影用在月上最切　逼字從天闕來冷字

從雲臥來欲覺聞晨鐘令人發深省都非輕下

30551　讀書堂杜工部詩集註解二十卷文集註解二卷　（唐）杜甫撰　（清）張溍注　清康熙三十七年（1698）張氏讀書堂刻本　大連圖書館

唐陸宣公集卷第一

後學雙峰年羹堯重訂

金壇王汝驤

太倉張泰基　同校

制誥
　　赦宥
　　　上

奉天改元大赦制　平朱泚後改建中五年爲興元元年

門下致理興化必在推誠忘已濟人不吝改過朕嗣

守丕構君臨萬方失守宗祧越在草莽不念率德誠

莫追於旣往永言思咎期有復於將來明徵厥初以

示天下惟我烈祖邁德庇人致俗化於和平拯生靈

於塗炭重熙積慶垂二百年伊爾卿尹庶官泊億兆

2860

昌黎先生集考異卷第一

此集今世本多不同惟近歲南安軍所刊方氏校

定本號為精善別有舉正十卷論其所以去取之

意又它本之所無也然其去取多以祥符杭本嘉

祐蜀本及李謝所據館閣本為定而尤尊館閣本

雖有謬誤往往曲從它本雖善亦棄不錄至於舉

正則又例多而詞寡覽者或頗不能曉知故今輒

因其書更為校定悉考眾本之同異而一以文勢

義理及它書之可證驗者決之苟是矣則雖民間

近出小本不敢違有所未安則雖官本古本石本

韋昌黎集卷一

30553　昌黎先生集考異十卷　（宋）朱熹撰　清康熙四十七年（1708）

李光地刻本　遼寧省圖書館

583

新刊五百家註音辯昌黎先生文集卷第一

賦

古詩

感二鳥賦并序

集註公年二十五登進士第時德宗貞元八年正月二

至十一年公二十八書尚未得仕故是年正月二

月人三不月連上五宰相三書東宰相歸自潼關出息于河

庸人不能用五宰相戊辰書東宰相趙憬賈耽盧邁皆

之下於遠莊騷太史氏白烏白鶴浮誇鴟鴞奇而賦詩之公正而能學

解之陰者四大抵閎其中錄而子浮誇鴟鴞易奇而感而賦之公進學

於集頓挫可謂太史氏白烏其中肆其外矣今工其詞賦亦謂其見

悲激章以耀善所云雖少蘇子美欲發其

賤然進學解于世云不虛矣

貞元十一年

韓文一

[洪慶善年譜曰：按公以大曆三年生，至今二十八歲。序言自七歲至今二十二年則]

昌黎先生詩集注卷第一

長洲 顧嗣立 俠君 刪補

古詩三十一首

元和聖德詩 幷序

〔嗣立補注〕唐書憲宗皇帝紀帝順宗長子永貞元年八
月詔立為皇帝乙巳即位癸丑劍南西川行軍司馬劉
闢自稱留後十一月壬申夏綏銀節度留後楊惠琳反
元和元年三月辛巳惠琳伏誅九月辛亥克成都十月
戊子闢伏誅二年正月己丑朝獻于太清宮
庚寅朝享于太廟辛卯有事于南郊大赦

臣愈頓首再拜言〔一有臣字〕臣伏見皇帝陛下即位巳來誅
流姦臣〔嗣立補注舊唐書順宗紀八月庚子詔冊皇太子即皇帝位壬寅
貶右散騎常侍王伾為開州司馬前戶部侍郎度支鹽鐵轉運使〕朝廷清明無

王叔文為渝州司戶〔憲宗紀八月即位九月貶韓泰等為
諸州刺史十一月貶中書侍郎平章事韋執誼為崖州司馬〕

有欺蔽外斬楊惠琳劉闢以收夏蜀東定青徐積年

昌黎詩集注卷一　一

秀野艸堂

30555　昌黎先生詩集注十一卷　〔清〕顧嗣立刪補　年譜一卷　清康
熙三十八年（1699）顧氏秀野草堂刻本　馬毅題識　遼寧省圖書館

昌黎先生詩集注卷第一

長洲顧　嗣立　俠君　刪補

古詩三十一首

元和聖德詩　并序

嗣立補注唐書憲宗皇帝紀帝順宗長子永貞元年八月詔立為皇帝乙巳即位癸丑劍南西川行軍司馬劉闢自稱留後十一月壬申夏綏銀節度留後楊惠琳反元和元年三月辛巳惠琳伏誅九月辛亥克成都十月

戊子闢伏誅二年正月己丑朝獻于太清宮康寅朝享于太廟辛卯有事于南郊大赦

臣愈頓首再拜言曰字一有臣伏見皇帝陛下即位已來誅

流姦臣嗣立補注舊唐書順宗紀八月庚子詔冊皇太子即皇帝位壬寅貶右散騎常侍王任為開州司馬前戶部侍郎度支鹽鐵轉運使朝廷清明無

有欺蔽外斬楊惠琳劉闢以收夏蜀東定青徐積年王叔文為渝州司戶憲宗紀八月即位九月貶韓泰等為諸州刺史十一月貶中書侍郎平章事韋執誼為崖州司馬

昌黎詩集注卷一

秀野艸堂

昌黎先生詩集注卷第一

長洲　顧　嗣立　俠君　刪補

古詩三十一首

元和聖德詩　并序

〔嗣立補注〕唐書憲宗皇帝紀帝順宗長子永貞元年八月詔立為皇帝乙巳即位癸丑劒南西川行軍司馬劉闢自稱留後十一月壬申夏綏銀節度留後楊惠琳反元和元年三月辛巳惠琳伏誅九月辛亥克成都十月戊子闢伏誅二年正月己丑朝獻于太清宮庚寅朝享于太廟辛卯有事于南郊大赦

臣愈頓首再拜言〔一有曰字〕臣伏見皇帝陛下即位已來。誅流姦臣。〔嗣立補注〕舊唐書順宗紀八月庚子詔冊皇太子即皇帝位壬寅貶右散騎常侍王伾為開州司馬前戶部侍郎度支臨鐵轉運使王叔文為渝州司戶憲宗紀八月即位九月貶韓泰等為諸州刺史十一月貶中書侍郎平章事韋執誼為崖州司馬

朝廷清明無有欺蔽外斬楊惠琳劉闢以收夏蜀東定青徐積年

〔秀野草堂〕

白香山詩長慶集卷第一

古歙汪 立名 西亭 編註

諷諭一 古調詩五言
凡六十四首

賀雨

皇帝嗣寶曆元和三年冬及春暮不雨旱燎燎上

心念下民懼歲成災鹵遂下罪巳詔殷勤制告一作萬邦帝

曰予一人繼天承祖宗憂勤不遑寧夙夜心忡忡元年

誅劉闢一舉靖巴卭二年戮李錡不戰安江東顧惟眇

眇德遽有巍巍功或者天降沴無乃儆予躬上思答天

戒下思致時邕莫如率其身慈和與儉恭乃命罷進獻

乃命賑飢窮宥死降五刑巳責謂止逋債也今本皆作責巳誤
按巳責乃用左傳晉悼公巳責事

寬三農宮女出宣徽厩馬減飛龍庶政靡不舉皆由自

30558　白香山詩長慶集二十卷後集十七卷別集一卷補遺二卷

（唐）白居易撰　**年譜一卷**　（清）汪立名撰　**年譜舊本一卷**　（宋）陳

振孫撰　清康熙四十一年至四十二年（1702-1703）汪立名一隅草堂刻本　稻葉

君山題識　遼寧省圖書館

白香山詩長慶集卷第一

諷諭一 古調詩五言 凡六十四首

古歙汪 立名

西亭 編訂

賀雨

皇帝嗣寶曆元和三年冬自冬及春暮不雨旱爞爞上
心念下民懼歲成災凶遂下罪已詔殷勤制告（一作萬邦帝）
曰子一人繼天承祖宗憂勤不遑寧夙夜心忡忡元年
誅劉闢一舉靖巴邛二年戮李錡不戰安江東顧惟眇
眇德遽有巍巍功或者天降沴無乃傲予躬上思答天
戒下思致時邕莫如率其身慈和與儉恭乃命罷進獻
乃命賑飢窮宥死降五刑已責（謂止通債也今本皆作責已誤）（按已責乃用左傳晉悼公已責事）
寬三農宮女出宣徽厩馬減飛龍庶政靡不舉皆由自

一隅草堂

白香山詩長慶集卷一

30559 白香山詩長慶集二十卷後集十七卷別集一卷補遺二卷

（唐）白居易撰 年譜一卷 （清）汪立名撰 年譜舊本一卷 （宋）陳振孫撰 清康熙四十一年至四十二年（1702-1703）汪立名一隅草堂刻本 遼寧省圖書館

李義山詩集卷第一

華亭姚培謙平山箋

青浦王　　原西亭閲

五言古

無題　原本二首其二
　　　五律・見卷三

八歲偷照鏡長眉已能畫十歲去踏青

踏青酈道元踏草事青春芙蓉作裙衩〔釋名婦人蔽膝曰衩〕

杜詩注以銀作拍甲取其有聲　十四藏六親〔漢禮樂志六親和睦注父子兄弟姑姊甥舅婚媾姻婭〕懸知猶未嫁

十五泣春風背面鞦韆下〔荊楚歲時記春節懸長繩於高木女子袨服立其上推引之名曰打鞦韆漢武帝千秋節日以之〕

30560　李義山詩集十六卷　（唐）李商隱撰　（清）姚培謙箋　清乾隆
五年（1740）姚培謙松桂讀書堂刻本　遼寧省圖書館

李義山詩集卷第一

華亭姚培謙箋

青浦王原西亭閱

五言古

無題 〔原本二首其二〕〔五律·見卷三〕

八歲偷照鏡長眉已能畫十歲去踏青〔盧公範饋餉儀三月三日上踏青鞋隋煬帝詩〕十二學彈箏銀甲不曾卸〔杜詩注以銀作拍甲取其有聲〕十四藏六親〔漢禮樂志六親和睦注父子兄弟姑姊甥舅婚媾姻婭〕懸知猶未嫁十五泣春風背面鞦韆下〔荊楚歲時記春節懸長繩於高木女子衩服立其上推引之名曰打鞦韆漢武帝千秋節日以之戲於後庭〕

踏青騙草事青春芙蓉作裙衩〔釋名婦人蔽膝曰香衩〕

松桂讀書堂

30561　李義山詩集十六卷　〔唐〕李商隱撰　〔清〕姚培謙箋　清乾隆

五年（1740）姚培謙松桂讀書堂刻本　遼寧省圖書館

二十一史彈詞輯註卷第一

明　成都楊　慎用脩　編

後學海虞孫德威畏侯輯註

第一段　總說

西江月

天上烏飛兔走人間古往今來沈吟屈指
數英才多少是非成敗　富貴歌樓舞榭淒涼廢塚
荒臺萬般回首化塵埃只有青山不改

詩曰

為看青山日倚樓白雲紅樹兩悠悠秋鴻社
燕催人老野草閒花滿地愁
野草閒花滿地愁龍爭虎鬭幾春秋羣頭吳越齊秦

30562　二十一史彈詞輯註十卷　〔明〕楊慎撰　〔清〕孫德威注　清康
熙四十年（1701）習是堂刻本　大連圖書館

蘇學士文集卷第一

感興三首

後寢藏衣冠前廟宅神主吾聞諸禮經此制出中古秦

嬴食先法乃復祭於墓漢衣以月遊於道蓋無取宣帝

尊祖廟失制徧九土孝元酌前文一旦悉除去魏帝樂

銅臺遺令平置歌舞昏嗣竟從之此事狂夫阻唐制益

紛華諸陵銷嬪御曠女日哀吟於先亦冥補吾朝三聖

人乘雲不可覩威靈已霄漢嗣皇念宗祖繪事移天光

刻象肖神武徧敕舊遊地輸材起宮宇階城釦以金牆

壁衣之繡功既即奉迎法仗憂簫鼓玩好擇珍奇目奪

30563　蘇學士文集十六卷　〔宋〕蘇舜欽撰　〔清〕徐惇復重訂　清康

熙三十七年（1698）徐惇孝、徐惇復白華書屋刻本　遼寧省圖書館

蘇學士文集卷第一

感興三首

後寢藏衣冠前廟宅神主吾聞諸禮經此制出中古秦

嬴食先法乃復祭於墓漢衣以月遊於道蓋無取宣帝

尊祖廟失制編九土孝元酌前文一旦悉除去魏帝樂

銅臺遺令　平　置歌舞昏嗣竟從之此事狂夫阻唐制益

紛華諸陵鎖嬪御曠女日哀吟於先亦冥補吾朝三聖

人乘雲不可覩威靈巳霄漢嗣皇念宗祖繪事移天光

刻象肖神武徧敕舊遊地翰材起宮宇階堿釦以金牆

壁衣之繡功既即奉迎法仗蠲簫鼓玩好擇珍奇目奪

30564　蘇學士文集十六卷　〔宋〕蘇舜欽撰　〔清〕徐惇復重訂　清康

熙三十七年（1698）徐惇孝、徐惇復白華書屋刻本　遼寧師範大學圖書館

王荆文公詩卷之一

鴈湖李壁　箋註

古詩

元豐行示德逢　德逢姓楊與公隣曲○按王直方雜記德逢號湖陰先生丹陽陳輔浙西佳士也每歳清明過金陵上塚事畢則至蔣山過湖陰先生之居清談終日歳率以為常元豐辛酉癸亥歳訪之不遇題一絕於門云北山松粉未飄花白下風輕麥脚斜身似舊時王謝燕一年一度到君家湖陰歸見其詩吟賞久之曾稱於舒王聞之笑曰此正戲君為尋常百姓

耳湖陰亦大笑

四山繚繞映赤日田背坼如龜兆出　退之詩或如龜坼兆○湖

陰先生坐草室看踏溝車望秋實雷蟠電掣雲滔滔夜　詩子尾繚繚此借用○

半截雨輸亭皐早禾秀發埋牛尿　子虛賦云亭皐千里師古曰為亭候於皐隰之地○埋牛尿言

久旱得雨禾皆怒長　豆死更蘇肥莢毛倒持龍骨掛屋敖　其高可没牛尿也　月令孟夏之月

30565　王荆文公詩五十卷　〔宋〕王安石撰　〔清〕李壁箋注　清乾隆

五年至六年（1740-1741）張宗松清綺齋刻本　遼寧省圖書館

施註蘇詩卷之一

漫堂先生宋　犖

樸園先生張榕端　閲定

　　　　　　　　毗陵邵長蘅　刪補

　　　　　　商丘宋　至

詩四十七首　起嘉祐辛丑十二月赴鳳翔任盡
　　　　　　壬寅在鳳翔作　施註缺今補

辛丑十一月十九日既與子由別於鄭州西門
之外馬上賦詩一篇寄之

不飲胡為醉兀兀此心已逐歸鞍發歸人猶自念庭闈

今我何以慰寂寞登高回首坡隴隔惟見烏帽出復沒

苦寒念爾衣裘薄獨騎瘦馬踏殘月路人行歌居人樂

施註蘇詩卷之一

漫堂先生宋　犖　　　　　　　　　　長洲顧嗣立

樸園先生張榕端　閱定　　毗陵邵長蘅　刪補

　　　　　　　　　　　　商丘宋至

詩四十七首　起嘉祐辛丑十二月赴鳳翔任起壬寅在鳳翔作施註缺今補

辛丑十一月十九日既與子由別於鄭州西門之外馬上賦詩一篇寄之

不飲胡為醉兀兀此心已逐歸鞍發歸人猶自念庭闈

今我何以慰寂寞登高回首坡隴隔惟見烏帽出復沒

苦寒念爾衣裳薄獨騎瘦馬踏殘月路人行歌居人樂

施註蘇詩卷之一

一

30567　施註蘇詩四十二卷總目二卷　（宋）蘇軾撰　（宋）施元之

顧禧注　（清）邵長蘅　顧嗣立　宋至刪補　清康熙三十八年（1699）宋犖刻

本　遼寧省圖書館

苦寒念爾衣裳薄獨騎瘦馬踏殘月路人行歌居人樂

今我何以慰寂寞登高回首坡隴隔惟見烏帽出復沒

不飲胡為醉兀兀此心已逐歸人猶自念庭闈

之外馬上賦詩一篇寄之

辛丑十一月十九日既與子由別於鄭州西門

詩四十七首起嘉祐辛丑十二月赴鳳翔任盡
壬寅在鳳翔作　施註缺今補

漫堂先生宋　犖　　　　　　　　　遵查滄遠先生批用墨筆

樸園先生張榕端　閱定　　　　　　遵查初白先生批用硃筆

　　　　　　　　長洲顧嗣立

　　　　　　　　毗陵邵長蘅　刪補

　　　　　　　　商丘宋　至

施註蘇詩卷之一

30568　施註蘇詩四十二卷總目二卷　（宋）蘇軾撰　（宋）施元之

顧禧注　（清）邵長蘅　顧嗣立　宋至刪補　**蘇詩續補遺二卷**　（宋）蘇軾撰

（清）馮景續注　**王註正訛一卷**　（清）邵長蘅撰　**東坡先生年譜一卷**

（宋）王宗稷撰　清康熙三十八年（1699）宋犖刻本　丹東市圖書館

存二十一卷（一至十八、總目二卷、年譜一卷）

蘇文忠詩合註卷一　編年詩

此本凡記批評選班錄

一十八卷凡詩九百有奇

桐郷馮應榴老蘇公印勤至貫輯訂

古今體詩四十二首

查註按南行集钗略

30569　蘇文忠詩合註五十卷首一卷目録二卷　（宋）蘇軾撰　（清）馮應榴輯注　清乾隆五十八年（1793）馮氏踵息齋刻本　錢啓批校并録紀昀批校　遼寧省圖書館

帶經堂集卷一

歙門人程哲校編

漁洋詩一 丙申稿

新城王士禎貽上

幽州馬客吟歌 五曲

蚵鬢鐵䩦襠來往城闕東臂上黃鵰子胯底綠螭

驄

鵰子喜秋風一日三奮飛憐馬走千里脫鞚不言

饑

相逢南山下載獫從兩狼共作幽州語齊醉湖姬

旁

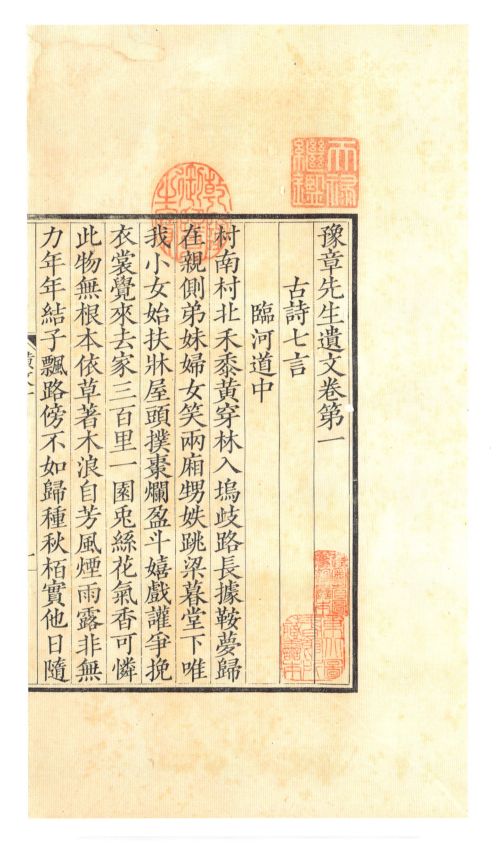

力年年結子飄路傍不如歸種秋栢實他日隨
此物無根本依草著木浪自芳風煙雨露非無
衣裳覺來去家三百里一園兔絲花氣香可憐
我小女始扶牀屋頭撲棗爛盈斗嬉戲謹爭挽
䧺親側弟妹婦女笑兩廂甥姪跳梁莫堂下唯
村南村北禾黍黃穿林入塢歧路長據鞍夢歸

古詩七言

臨河道中

豫章先生遺文卷第一

30571　豫章先生遺文十二卷　（宋）黃庭堅撰　清乾隆四十五年（1780）

汪大本刻本　遼寧省圖書館

豫章先生遺文卷第一

古詩七言

臨河道中

村南村北禾黍黃穿林入塢歧路長據鞍夢歸
在親側弟妹婦女笑兩廂甥姪踉梁暮堂下唯
我小女始扶牀屋頭撲棗爛盈斗嬉戲讙爭挽
衣裳覺來去家三百里一園兔絲花氣香可憐
此物無根本依草著木浪自芳風煙雨露非無
力年年結子飄路傍不如歸種秋栢實他日隨

30572　豫章先生遺文十二卷　（宋）黃庭堅撰　清乾隆四十五年（1780）
汪大本刻本　遼寧省圖書館

斜川集卷第一

眉山蘇　過　叔黨撰

正月二十四日侍親游羅浮道院棲禪山寺

集有正月二十四日與兒子過過賴仙芝之王原秀才僧曇穎行全道士何宗一同游羅浮道院及樓禪精舍過作詩和其韻寄邁迨一首是爲紹聖二年作

淡雲曉蔥蘢野水清可揭山明草木秀百里見璅細人

閑境愈靜地暖春先逝桃李已青枝落花空覆砌涼風

稍可愛習習來衣袂赤日雖未苦炎炎遍裘毳道人疑

有道羽服襟裳弊晨齋爨無煙含糗聊卒歲空堦指葷

撥破屋緣薜荔挂杖挑笋蕨折柳樊蘭蕙居夷信何陋

30573　斜川集六卷　〔宋〕蘇過撰　清乾隆五十三年（1788）趙懷玉亦有

生齋刻本　胡嗣瑗題識　遼寧省圖書館

沈忠敏公龜谿集卷第一

古詩

山西行

山西健兒好身手氣如車輪膽如斗十五射獵少年

場戲格黃羆同拉朽二十竄名尺籍中鐵馬追風快

馳炎臂弓腰箭了一生只喜論攻不論守兵符夜半

出轅門將軍令蕭誰敢後自誇豪健天下無礬為官

家掃群醜蠻夷共事古來危監軍巧落胡人機黑山

未靖黃河沸胡塵倏忽連紫微長驅中州斥候絕已

30574　沈忠敏公龜谿集十二卷　〔宋〕沈與求撰　清抄本　王禮培題

跋　遼寧省圖書館

韋齋集卷之一

新安朱松喬年撰

歙縣程塏爽林訂

古詩

謁普照塔

孤塔聳霄漢晴影金碧眩重來得寓目歸枕尾覆泝
緬懷何姓人哀禱傾淮甸是身如皎月有水著處現
彈指遍大千何止數鄉縣惟應應緣地聊尒共瀧轉
顛危悔靮馬善涉悟覓扇君看悔與悟只在一轉眄
至人獨何心示此禍福變當知夙緣定莫作邪道見

30575　韋齋集十二卷　〔宋〕朱松撰　玉瀾集一卷　〔宋〕朱槔撰

清康熙四十七年（1708）程塏刻本　大連圖書館

羅鄂州小集卷一

符命

　帝統

　　歙程哲聖跂輯録

紹興三十二年六月上以太上命恭履帝位臣頫親觀

盛事又少學于史氏讀前世封禪典引正符之篇考其

時非有挺然絶德獨其臣子文力至到猶能開闔其詞

義傳以訓詁用震眩來世臣令作帝統一篇文雖不足

事則過之位下不敢僭陳敬藏于家其詞曰

於維民主參合天地乾坤始陳而震已出帝赫胥尊盧

其事蔑得而聞矣即封禪之家前哲所紀蓋七十有二

羅鄂州小集卷一　　　　　歙程哲聖跂輯録

符命

帝統

紹興三十二年六月上以太上命恭履帝位臣願親覩
盛事又少學于史氏讀前世封禪典引正符之篇考其
時非有挺然絕德獨其臣子文力至到猶能開闔其詞
義傳以訓詁用震眩來世臣今作帝統一篇文雖不足
事則過之位下不敢僭陳敬藏于家其詞曰
於維民主參合天地乾坤始陳而震已出帝赫胥尊盧
其事蔑得而聞矣即封禪之家前哲所紀蓋七十有二

方叔淵遺稿

王維

元　方瀾　撰

稱為古摩詰豈有二文殊凝

睡熟啼鶯曉長安足畏途

輞川林下圖筆移山紫翠禪

屈原

才高得謗忌從此事君難二雅文東變三湘蘭芷寒心猶睠臣節事孰

整朝端載拜先生像風烟欝楚冠

子房

難鳴父先在識汝帝王師天下得無事山中歸有期道高不自伐榮妙

30578　方叔淵遺稿一卷　（元）方瀾撰　清董氏叢碧廬抄本　羅振玉題識

遼寧省圖書館

趙徵君東山先生存稿卷之一

新安趙　汸子常著

後裔時腴介菴　男端　又呂重校刊

靖士安侯

吉士天羽

詩

五言古

題平山堂次黃先生韻

虛堂駢平岡積翠凌天半。彷像識瑤臺。嘉微窺玉案。顏

疑巨靈力。劚削非一旦。森森古樹鬱奕奕。朝霞爛。地近

嶽易陟。池清蓮不蔓。鸞啼午夢殘。客至琴聲斷。勝境奧

中襟雅懷知弗畔。翛然念物我。詎肯存崖岸。馬跡遍幽

東山亭稿卷之一　五言古一

30579　趙徵君東山先生存稿七卷　〔元〕趙汸撰　**附録一卷**　清康

熙二十年（1681）趙吉士刻本　大連圖書館

高季迪先生大全集卷之一

古樂府

上之回

聖主重行幸六蛟法乾施北巡初避暑東祠巳祈年
羣官從清塵粲若星麗天前揚豹尾竿左靡魚須旗
瀚海通漢月蕭關絕胡煙願奉千齡樂皇躬長泰然

君子有所思行

騁望京輔地金城千里餘羲羲松柏陵藹藹桑柘墟
明堂表青陽飛觀切紫虛況有戚里第高樓夾清渠

30580　高季迪先生大全集十八卷　（明）高啓撰　清康熙江蘇許廷鑅竹
素園刻本　遼寧省圖書館

青邱高季迪先生詩集卷一

桐鄉金檀　星軺　輯注

姪　成鼎　梅均　仝校

男　宏熹　開霞

樂府

上之回　〔古今樂錄漢鼓吹鐃歌十八曲四日上之回樂府正聲漢短簫鐃歌曲漢書武帝紀元封四年冬十月行幸雍祠五畤通回中〕

道遂北出蕭關歷獨鹿鳴澤自代而還幸河東師古注回中在安定北
通蕭關吳兢樂府解題漢武通回中道後數出游幸焉沈建廣題漢曲
皆美當時之事

聖主重行幸　〔蔡邕獨斷〕天子車駕所至見令長三老官屬親臨
軒作樂賜以食帛民爵有級或賜田租故謂之幸　六蚪法乾旋
〔王僧孺詩迴鑾避暑宮〕〔錢謙益列朝詩集元世每年孟夏駕幸灤京避暑七月〕

續漢書〔天子五輅駕六馬揚四蒼螭兮六素虯〕北巡初避暑
雄甘泉賦

東祠巳祈年　〔禮記月令天子乃羣官從清塵
〔班固東都賦雨師汎灑風〕
乃還北巡初避
暑紀元事也

青邱詩集卷一　樂府　一

文瑞樓

王遵巖集卷之一

序

孔孟圖譜序

晉江王慎中道思著　　後學張汝瑚夏鍾選

孔孟圖譜會稽季明德先生所編緝也其書據漢太
史公史記宋司馬氏通鑑劉氏外紀邵氏皇極經世
書呂氏大事紀金氏通鑑前編近世王氏續大事記
潘氏孔子通鑑益以春秋內外傳戰國策禮記家語
孔叢子諸書參考互證權衡行事差次歲年櫛比杍
緯詳且確矣其所是正諸家之同異一以論語孟子

30582　王遵巖集十卷　（明）王慎中撰　（清）張汝瑚評選　清康熙二十

一年（1682）郢雪書林刻本　瀋陽市圖書館

楊忠烈公文集卷一

　　觀陽李贊元望石甫校定

　　閩中鄭觀吉賓俟甫

　　雲間陸鳴珂天藻甫　仝叅訂

奏疏

　戶科給事中臣楊漣謹

奏爲邪臣欺罔無忌揆擬據非宜謹就事料叅

以儆官邪以重要地事臣惟從來權臣壞人

國家莫毒于恣雖無上而實釀于一念之敢爲欺

30583　楊忠烈公文集六卷　〔明〕楊漣撰　〔清〕李贊元輯　清順治十

七年（1660）李贊元刻本　大連圖書館

息齋集卷之一　　　　　松陵金之俊豈凡著

送總戎馮子淵節鎮嘉禾序

從來親民之官莫如守令察吏安民之官莫如撫按
乃若職司不與守令等事權不與撫按侔而能爲撫
按守令之所欲爲而不得爲以禁除民害嘉惠元元
使小民之愛戴而尸祝之曾不減于召父杜母則莫
如今日江浙諸郡特設分鎮之大帥是也

息齋集　　卷一　　總戎一　　一

雪堂先生文集卷第一 旬香剩

西京門人韓詩較字

詩 五言古

牛頭山懷古

茲山占梓州煙靄懸牛角拾遺去幾朝滾滾青如

昨盤旋舞月松標緲凌霄鶴異蹟襪標題神功費

雕斷鐘聲發翠微僧影留丹崿迢迢萬里人隱隱

孤飛閣怕諷杜陵詩今古同飄泊

卜肆

善簾意杳玄忠孝言非妄至今市得名神明儼道

雪堂先生文集 卷一 一 蜀游草

賴古堂集卷之一

浚水周亮工櫟園著

古樂府

出東門

出東門雨霏霏黃沙撲烏亂啼掉頭不飲酒驅我

病馬上大堤 解一 腰間弧矢鳴齒齒解弓衣來朝城

南射虎今朝先射咄唶兒 解二 咄唶兒日暮歌鐘娛

客白晝殺人爲嬉日色蒼蒼河流灞灞生死甚重

未可知 解三 日色蒼蒼河流灞灞生死不重未可知

疾歌慎莫悲能報仇知爲誰 解四

出西門

30586 賴古堂集二十四卷附録一卷 （清）周亮工撰 清康熙十四年
（1675）刻本 丹東市圖書館
存十二卷（一至十二）

雜著

馬德稱字說

語云同聲相應同氣相求不必談道德講文章也隨其心之所
志事之偶值則皆呂以當之余久把入山之志巳拚鹿豕木石
為我友況人更有靈於鹿豕木石者乎馬君驥禎居易城西之
縣底村去雙峯咫尺為余入山便道其人敦洽可近丁亥冬適
逢余於易城劉氏家因叩其字笑而不言余曰他日入山借君
為西道主無姓字何以相訪乎乃字之曰德稱雖取義淺近然
亦志之所之事之偶值明春余跨蹇白雲嶺上人不知余為何
許人或見德稱德稱必曰此王申之甫曾字我者也則余與山

30587　甲申集一卷二集一卷三集一卷詩集一卷　（清）王餘佑撰

清抄本　遼寧省圖書館

種書堂遺稿卷一

梅壑　查士標二瞻　著

門人　金之繢公紳

姪　弘道書雲　緝

五言詩

半村草堂二首

我友快招尋園亭　十畒深擁門多茂樹出谷有鳴

禽頻到忘賓主間來說古今濡毫礁四座詞客是

山陰 謂儀道

梅雨斜陽外涼生竹樹新難尋惟勝地易醉是騷

30588　種書堂遺稿三卷題畫詩二卷　（清）查士標撰　清康熙四十三

年（1704）查氏種書堂刻本　大連圖書館

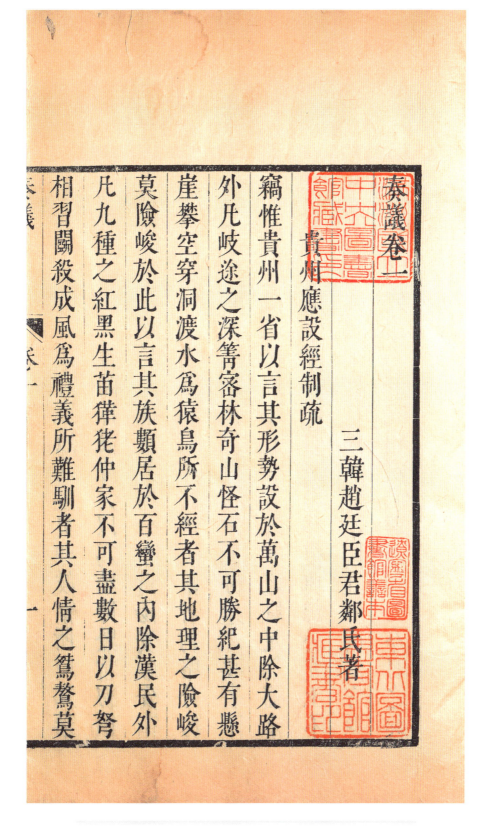

奏議

貴州應設經制疏

三韓趙廷臣君鄰氏著

竊惟貴州一省以言其形勢設於萬山之中除大路

外凡岐途之深箐密林奇山怪石不可勝紀甚有懸

崖攀空穿洞渡水爲猿鳥所不經者其地理之險峻

莫險峻於此以言其族類居於百蠻之內除漢民外

凡九種之紅黑生苗犵狫仲家不可盡數日以刀弩

相習鬭殺成風爲禮義所難馴者其人情之鷙驁莫

30589　趙清獻公集六卷　（清）趙廷臣撰　清康熙二十二年（1683）趙延祺、
趙延組敬恕堂刻本　遼寧省圖書館

白茅堂集卷之一

蘄州顧景星黃公著

男昌校

賦

夏蕚賦　有序

崇禎丁丑予年十六見楊用修來紅賦未盡體物
之妙別擬此作甲申居吳門春晚多閒偶憶其略録
之

朱炎始升青陽方謝繁英既披朕花未卸感榮謝之芳
蒔續蓓蕾於始夏表春餘以孤花匪不盡於造化則有
蘆露韜霞繼蕚函葩鈴旛緩撒恩網新遮數枝杜曲幾
樹韋家遠望迫視旖旎柔嘉何芳心之內固雖過時而

白茅堂集　卷之一　賦　一

帶經堂集卷一

歙門人程哲校編

新城王士禎貽上

漁洋詩一 丙申稿

幽州馬客吟歌 五曲

蚵蟕鐵裲襠來往城關東臂上黃鶹子胯底綠螭
驄

鶹子喜秋風一日三奮飛憐馬走千里脫轡不言
饑

相逢南山下載獫從兩狼共作幽州語齊醉湖姬

旁

30591　帶經堂集九十二卷　（清）王士禎撰　（清）程哲編　清康熙四十九年至五十年（1710-1711）程氏七略書堂刻本　遼寧省圖書館

漁洋山人精華録卷一

門人俟官林佶編

古體詩

對酒

對酒歌慷慨自我屬有生共得睹太平皇帝陛下惟樂

康宮府治丞相無私人諸諫官彈射姦憝咸有直聲自

中丞刺史良二千石各有廉名曰南交趾比皆我郡縣

蠻夷君長以時稽首殿庭屬國具為令文筍坒翠來王

京辛太學三老而五更遂賜民爵一級存問長老遺都

吏循行大酺十日除宮刑美人曼壽百室豐盈

慕容垂歌 三解

慕容初入鄴巳有虎狼志前驅丁零部後面鮮卑騎

經義齋集卷之一

孝昌熊賜履著

奏疏

應

　詔萬言疏

內弘文院侍讀　臣熊賜履謹　奏爲遵

　諭陳言仰

祈

　睿鑒事　臣荆楚鄙儒謭劣無似猥蒙

先帝簡拔授以清班繼荷

皇上殊恩累遷今職十載　禁林　兩朝知遇　聖

恩高厚踵頂莫捐中夜捫衷汗流浹背伏念　臣雖至

30593　經義齋集十八卷　〔清〕熊賜履撰　清康熙二十九年（1690）退

補齋刻本　大連圖書館

西陂類稿卷一

古竹圃稿

齋居

窮秋風雨積茫茫失昏曉擁被臥匡牀簷前囀孤

烏披衣啓蓬戶千林忽如掃黃葉滿階除菊華亦

巳槁紫蘭落其英飛蘿尚嫋嫋顧此歲云晏抑鬱

傷懷抱空簾閒幽獨遺編恣探討今古兩難名寒

牕盪叢篠

空城雀

商丘宋犖牧仲

西陂類稿 卷一

一

30594　西陂類稿五十卷附録一卷　〔清〕宋犖撰　清康熙毛扆、宋懷金、
高岑刻本　遼寧省圖書館

秋錦山房集卷一

古今體詩 共四十七首

送友尋廬山

我聞匡廬秀九疊開屏風此地昔乘輿千春懷謝公一

從蹋屐遠坐使青山空君去幾時到登臨惜未同

春日傚庾信體

江上年光改樓中曉色舒青蛾工作畫錦字笑裁書探

篋披明鏡當窗照舞裾低花映新沐緩纚下前除袖約

攀條候衣香引扇初傾城衿獨立游子見躊躇抹霞弓

樣襪滴雪耳邊珠凝睇簾微隔廻身婢半扶水妒文駕

竝風憐縹緲俱河陽從此後不願果盈車

30595　秋錦山房集十卷　（清）李良年撰　（清）李潮偕輯　清康熙三十
五年（1696）刻本　大連圖書館

蘆中集卷一　起丙申二月　盡庚子十月

太倉　王　攄　著

登陽山

梯廻磴複逐松聲羣峭摩空類削成海日自明無

曉夜山有浴湖天不盡有陰晴一泓下注龍湫伏千
日亭

仞橫開箭闕平坐覽眾山凌絕頂長風吹起暮愁
生

吳梅村夫子鹿樵草堂成却賦

昔聞履道里今到輞川莊丘壑看皆美風流久未

亡花深藏略彴月好近滄浪滿徑栽松遍猶尋種

青門簏彙卷之一

毗陵　邵長蘅子湘　纂　一名衡

靳州　顧景星赤方批點

詩一　擬古樂府

當雁門太守行賦崔常州　古質是漢樂府

太守出行雙輻朱四牡駊駚映交衢高顙廣額黃顥髯

借問太守誰家世遼東云姓崔　解一太守稍出別駕遷鈞

距摘伏儼若青天大吏神手坐小吏不索錢　解二遼兵十

萬來掠斂莫譙訶前騎擁婦女後騎牽駱駝太守馬至

驕嘶聒耳語稍稍引避去　解三坐巨艦擂大鼓漕卒千艘氣

30597　邵子湘全集三十卷　〔清〕邵長蘅撰　邵氏家錄二卷　清康

熙青門草堂刻本　瀋陽市圖書館

有懷堂詩藁卷一

蹢躅集

詠史六首 時將赴京兆試

孤鶴時唳喪病驥復悲鳴泬寥窮巷士挾策將遄征令

雖太平時慷慨慕賈生羈旅一少年廷屈漢公卿箕箒

嗟薄俗筐篋羞世營願言稽制作聖漢垂鴻名以茲長

太息豈爲前席榮

李廣負才氣勇敢莫不聞彎弓挾大黃射鵰安足云奈

何遭數奇望氣亦虛言生不逢沛公不得策高勳禁中

却柎髀上有聖明君試問誰頗牧何似飛將軍

嘗慷慨袴下人楚漢兩不識屠沽少年兒見侮寧足責誚

有懷堂文藳卷一

頌

典學勤政頌

臣英言臣伏稽尚書獨載堯以來則百家之說二皇制

作與孔子所傳五帝德雖甚章多弗深考獨二典三謨

所載祇撫時熙績封山濬川命德討罪隆禮和樂諸大

政而學不及焉然危微之四言足以蔽之矣自是仲虺

始言仁湯誥始言性太甲始言誠而說命始言學皆見

於商書則孔子之傳所自來也由是觀之帝王之學固

與不得位者異皆於政乎驗之而探政本者亦即於學

乎決之未嘗有政外之學學外之政也恭惟 皇帝陛

鳳池園文集卷一

長洲顧　汧芝巖著

玉牒賦并序

蓋聞帝德莫先於睦族王政尤重於親親故

易始兩儀而六子之義已備詩首二南而列

國之化用彰良以經猷必本於宜家而譜牒

實關乎鉅典歷代以來或專官以董其事或

限年以考其籍雖制度各因乎時要皆所以

敦本支重宗祊也我

曝書亭集卷第一

秀水 朱彝尊 錫鬯

賦

謁孔林賦

粵以屠維作噩之年我來自東至於仙源斯時也壇杏花繁
庭檜甲坼元和之犧象畢陳闕里之榛蕪盡闢既釋菜於廟
堂旋探書於屋壁乃有百石卒史導我周行肇車魯城之北
縹馬洙水之陽即大庭之遺庫循端木之故場驕孫祔亐居
前聖子藏亐在左自黃玉之封緘閟幽宮而密鎖隕長鯨亐
不驚懾祖龍亐遠禍除荊棘之叢生罕翔禽之飛墮雨露既
濡遲景東隅整衣裳之蕭肅正顏色之愉愉展謁方終誕尋
往蹟超白兔之深溝撫青羊之卧石爰有草也苞著其名守

南州草堂集卷一

　　　　　　　　吳江徐　釚電發著

詩彙

古今體自壬寅至丁未
　　　止計五十八首

古意

歡從京口來儂向秦淮住一夜暮潮生分離不知
處、

落花篇

洛陽城外花如綺洛陽城內歌鐘起一夜東風吹
滿枝片片花飛逐江水江水春流暮轉溪江干日
暖生紫蘋參差碧樹波光裏蕩漾紅潮愁殺人憶

尊道堂詩鈔卷一

黃岡　王材任　西淵

同里後學陳師奮輯

望雲集上

與家呂倩論文卽送其歸 十首之六

久困公車羞北轍　齊裁梵夾上南轅　別離已是三千里

兄弟寧無一二言

清議有誰特月旦　浮詞未免出雷同　時人好尚徒輕薄

先輩流傳願折衷

王唐瞿薛眞難及　陳艾章羅未易追　莫道汝南無定論

祇應江右是良師

30603　尊道堂詩鈔八卷　（清）王材任撰　清乾隆四年（1739）玉照亭

刻本　錦州市圖書館

西渚詩存卷上

鹽城劉沁區水心

有地

有地容銷夏林亭帶野塘解衣沾竹粉移榻就荷

香浦外晴帆渺沙邊晚笛長翛然坐終日鷗鳥巳

相怱

新秋獨坐

索居荒谿上煩囂日以遠地僻生秋氣辰火況西

轉依壁草蟲繁侵階梧葉滿去日巳難再逝波終

30604 西渚詩存二卷 　（清）劉沁區撰　清康熙四十三年（1704）刻本

大連圖書館

自吟亭詩稿上卷

山陽阮晉鶴綵著

癸卯北發二首

杖策三千里孤身向　帝京不辭書劍遠敢道揣
摩成風雨頻年志山川一月程倚門勞悵望清夢
遠柴荆

脂車辭故里裘馬媿輕肥迢遞　皇州遠晨昏子
舍違山河收旅夢霜露入征衣莫漫愁行役家園
暫掩扉

檢書別冬青樓二首

30605　自吟亭詩稿二卷補遺一卷　〔清〕阮晉撰　清康熙五十五年
〔1716〕刻本　大連圖書館

彭麓詩鈔

會稽成達可而行譔

五言古

過苧蘿邨

秋風苧蘿邨木葉飄山館佳人渺何處古石蒼苔滿當
年此浣紗曲曲溪流緩溪水日夜流明月誰為伴　長

、鳥啼

鳥鳥繞樹飛啞啞鳴小巳遊子多苦心望雲念甘旨嗟
無十畝地荷鋤息桑梓愧爾能反哺日夕羣棲止　二

30606　彭麓詩鈔不分卷　〔清〕成達可撰　稿本　遼寧省圖書館

御製詩集卷第一

內廷供奉禮部侍郎兼翰林院學士臣高士奇謹編次

巡撫江寧等處地方都察院右副都御史臣宋犖謹校刊

古今體詩五十二首

元旦

廣廷揚九奏玉帛麗朝光恭己臨四表垂

御製詩集 卷一

30607　御製詩初集十卷二集十卷　（清）聖祖玄燁撰　（清）高士奇

等編　清康熙四十二年（1703）宋犖揚州詩局刻本　大連圖書館

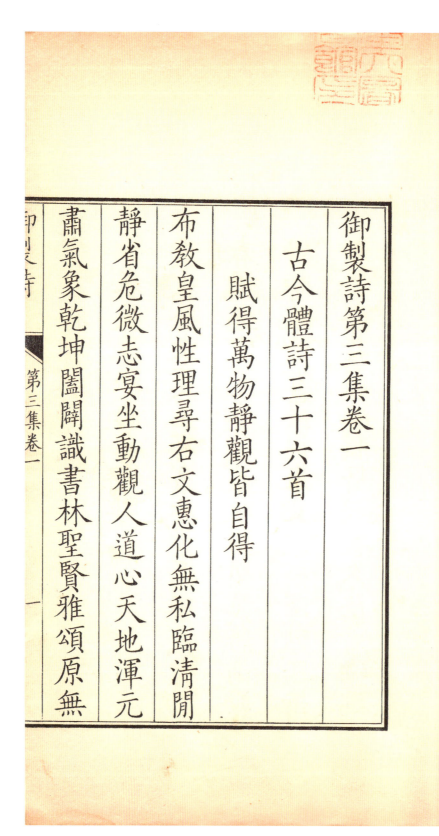

御製詩第三集卷一

古今體詩三十六首

賦得萬物靜觀皆自得

布教皇風性理尋右文惠化無私臨清閟

靜省危微志宴坐動觀人道心天地渾元

肅氣象乾坤闔闢識書林聖賢雅頌原無

御製詩

第三集卷一

一

30608　御製詩三集八卷　〔清〕聖祖玄燁撰　〔清〕高士奇等編　清康熙

五十五年（1716）李煦蘇州詩局刻本　大連圖書館

烟波致爽

熱河地既高敞氣亦清朗無蒙霧靈氣柳宗元記所謂曠如也四圍秀嶺十里澄湖致有爽氣雲山勝地之南有屋七楹遂以烟波致爽顏其額焉

御製詩 烟波致爽 五言排律 二

30609　御製避暑山莊詩二卷　（清）聖祖玄燁撰　（清）揆叙等注

（清）沈嵛繪圖　清康熙五十一年（1712）内府刻朱墨套印本　遼寧省圖書館

御製文集卷第一

勅諭

諭戶部

前以尔部題請直隸各省廢藩田產差部

員會同各該督撫將荒熟田地酌量變價

今思小民將地變價承買之後復徵錢糧

御製文集

卷一 勅諭

一

30610　御製文初集四十卷總目五卷二集五十卷總目六卷三集五

十卷總目六卷　（清）聖祖玄燁撰　（清）張玉書等編　清康熙五十三年（1714）

内府刻本　大連圖書館

葆璞堂詩集卷一

光山胡煦滄曉

勵志篇

几案盛書帙探閲渺無極荆榛迷道路俯仰增歎
息俗嶷及行踪志氣轉皇惑關棙在何許端委不
可得虔修一辦香質之賢聖側神若惄之言在昔
有儀式大禹惜寸陰皇皇於日昃孔子扳其萃敠
憤且忘食自顧何如者乃不自整飭恭為德之基
惰者德之賊志懈宜自怠意馳宜自力不怠與不
力因循蠧嫰德勿謂天聽遥感通難遽測見聞不

30611 葆璞堂詩集四卷 〔清〕胡煦撰 清乾隆三十七年（1772）刻本

錦州市圖書館

皇太后發軔京師屆我陪都孝思以申

祖武是仰因周覽山川之渾厚民物之樸淳穀

土之沃肥百昌之繁廡洵乎天府之國興

王之會也

史記留侯世家關中所謂金城
千里天府之國也顏延之赭白
馬賦興王之軌可接梁昔邲居相度召頌
元帝賦羡六服之郵會
公劉關原詩小序召康公戒成王也成王
之厚於民而獻是詩也
將涖政戒以民事茇公劉岐宅作屏周歌

30612　御製盛京賦一卷　〔清〕高宗弘曆撰　〔清〕鄂爾泰等注　清乾隆
八年（1743）武英殿刻朱墨套印本　遼寧省博物館

御製盛京賦 有序

嘗聞以父母之心為心者天下無不友之

兄弟以祖宗之心為心者天下無不睦之

族人以天地之心為心者天下無不愛之

民物斯言也人盡宜勉而所繫於為人君

者尤重然三語之中又惟以祖宗之心為

心居其要焉蓋以祖宗之心為心則必思

30613　御製盛京賦一卷　〔清〕高宗弘曆撰　〔清〕鄂爾泰注　清乾隆八

年（1743）武英殿刻朱墨套印本　遼寧省圖書館

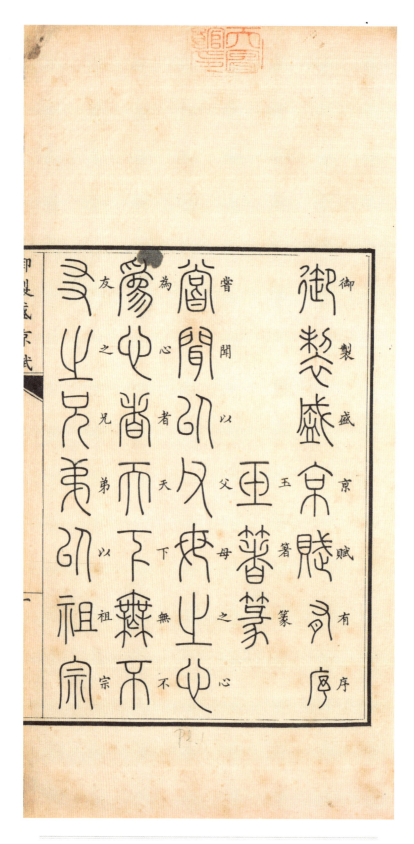

30614　**御製盛京賦一卷**　〔清〕高宗弘曆撰　〔清〕鄂爾泰注　清乾隆八
年（1743）武英殿刻朱墨套印本　遼寧省圖書館

2938

御製冰嬉賦 有序

陸行之疾者吾知其為馬水行之疾者吾

知其為舟為魚雲行之疾者吾知其為鶻

鵬鷃鶃至於冰則向之族莫不贄膠滯

滑擦而莫能施其技國俗有冰嬉者護膝

以帯牢鞋以韋或底含雙齒使齧凌而人

（御製冰嬉賦）

30615　御製冰嬉賦一卷　（清）高宗弘曆撰　清乾隆十年（1745）武英

殿刻朱墨套印本　遼寧省圖書館

2943

御製冰嬉賦 有序

陸行之疾者吾知其為馬水行之病者吾

知其為舟為魚雲行之疾者吾知其為鶂

鵬鶗鷃至於冰則向之族莫不寶膠滯

滑擦而莫能施其技國俗有冰嬉者護膝

以帯牢鞋以韋或底含雙齒使齧凌而人

御製冰嬉賦

二

30616　御製冰嬉賦一卷　〔清〕高宗弘曆撰　清乾隆十年（1745）武英
殿刻朱墨套印本　遼寧省圖書館

含中集

膺青山人李錯著

樂府卷一

樂府自漢武立其體有短簫鐃歌軃舞拂舞鼓角橫吹

胡角相和歌諸篇魏繆襲攺漢製韋昭亦倡于吳逮何

承天創新意而齊梁追擬聲辭雜糅古情寖失矣夫曲

必有譜聲辭艷是也今世遠既不可仿其所為而為

之辭或亦復古之一端云爾若夫聲之為聲鄭樵則先

戎有言矣

朱鷺建鼓殿所作棲翔鷺

於上或曰鷺鼓精

含中集卷一　一

30617　含中集五卷　（清）李錯撰　稿本　遼寧省圖書館

存三卷（一至三）

花間堂詩鈔

五言古

讀淵明詩

紫瓊道人著

尺沼無泳鱗叢棘無翔鸞方穿無轉輪亂杼無長紝淵
明賦歸來三徑當盤桓彈琴與飲酒笑歌雜慨歎微辭
契道化冥心無躁言遺編照寰宇把讀怡心顏娟娟松
柏林惠風流其間精金豈辭鍛良玉無煩鐫眷懷世已

30618　花間堂詩鈔八卷　（清）允禧撰　稿本　盧世端跋　遼寧省圖書館

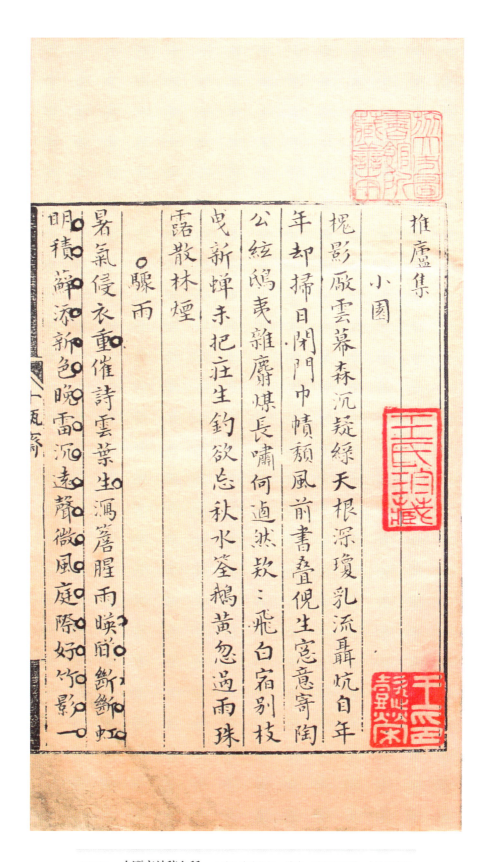

推廬集

小園

椒影啟雲幕森沉疑綠天根深瓊乳流聶炕自年
年却掃日閉門巾幘頹風前書盍倪生愜意寄陶
公絃鳴夷雜麝煤長嘯何逾然欸∴飛白宿別枝
曵新蟬未把庄生釣欲忘秋水釜鵝黃忽過雨珠
露散林煙

○驟雨

暑氣侵衣重催詩雲葉生滷簀腥雨峽闇斷斷虹
明積薤添新色晚雷沉遠聲微風庭際好竹影一

30619　**十甌齋詩稿七種**　〔清〕李本柱撰　稿本　孫葆田題識　大連圖書館

黃花吟舫詩草

螢光集

壽車仲宣七十即用其自壽原韻

拜相封侯願未奢　甘心泯泯自無嗟遙

永走馬長安五及囊螢歷士蓺一水

盈舊菱澤異香馥　梅花舊村

30620　**螢光集不分卷**　〔清〕黃花瘦人撰　清談覽漁抄本　遼寧師範大學圖書館

王右丞詩集

四言詩

酬諸公見過

嗟余未喪哀此孤生屏居藍田薄地躬耕歲晏輸
稅以奉粢盛晨往東皐草露未晞暮看烟火負擔
來歸我聞有客足掃荊扉簞食伊何謳瓜抓棗仰
厠羣賢皤然一老媿無筵簟班荊席藁汍汍登陂
折彼荷花靜觀素鮪俯眄白沙山鳥羣飛日隱輕
霞登車上馬儵忽雨散雀噪荒邨雞鳴空館還復
幽獨重欷累歎

御覽詩

翰林學士朝議郎守中書舍人賜紫令狐楚奉

勅纂進

劉方平 十三首

秋夜思

旅夢何時盡征途望每賒晚秋淮上水新月楚人

家貙嘯空山近鴻飛極浦斜明朝南岸去言折桂

枝花

御覽詩　　　　　　　　　　　學稼草堂

30622　唐人選唐詩二十三卷 〔明〕毛晉輯　清康熙三十二年（1693）

黃虞學稼草堂刻本　遼寧省圖書館

劉隨州詩卷第一

唐隨州刺史劉　　　　長卿　撰

逢雪宿芙蓉山主人

日暮蒼山遠天寒白屋貧柴門聞犬吠風雪夜
歸人。

送張起崔載華之閩中

朝無寒士達家在舊山貧相送天涯裏憐君更
遠人

贈秦系徵君

羣公誰讓位五柳獨知貧惆悵青山路烟霞老

石秀齋集卷一

華亭莫是龍廷韓著

海上曹炳曾巢南輯

姪　曹一士諤廷校

男　曹培廉敬三校

賦

山茶賦并序

三界寺山茶世傳自梁昭明手植歷千餘年根株魁
瘋枝葉扶疎亭亭偃蓋俯庇梵王諸宮當春敷榮霞
明錦煥江南珍卉希觀其匹好事壺榼相隨車馬駢
集遂爲俗客攀援踐蹦樹亦漸零越數歲新條鬱典
朱榮更發三郡士女奇豔欣賞追勝往昔余再游玆

文選卷一

梁昭明太子撰　文林郎守太子右內率府錄事參軍事崇賢館直學士臣李善注上

長洲葉樹藩星衛氏參訂

賦甲　賦甲者舊題甲乙所以紀卷先後今卷
餓改故甲乙並除存其首題以明舊式

京都上

班孟堅兩都賦二首

張平子西京賦一首

兩都賦序

班孟堅　范曄後漢書曰班固字孟堅北地人也年九歲能屬文長遂博貫載籍
後除蘭臺令史遷為郎乃上兩都賦大將軍竇憲出征匈奴固為中
　護軍志敗固坐免官遂死獄中

或曰賦者古詩之流也　毛詩序曰詩有六義焉二曰賦故賦為古詩之流也者引
文選皆錄先以明後以示作者必有所祖述也他皆類此昔

成康沒而頌聲寢王澤竭而詩不作　太子通立是為成王成王太子釗立是為康
高周道缺徽雅廢而史記曰周武王

（紅字注文略）

30625　文選六十卷　（南朝梁）蕭統輯　（唐）李善注　清乾隆三十七年
（1772）葉氏海録軒刻朱墨套印本　魯迅美術學院圖書館

文選瀹註卷一

孫月峯先生評閱

閔赤如先生瀹註　　後學　徐善建孝武
　　　　　　　　　　　柯維楨翰□　全校

兩都賦序

班固字孟堅、北地人、九歲能屬文、長遂博

大將軍竇憲出征匈奴、為中護軍、憲敗、坐免官、死獄中

明帝修洛陽、西上艾老怨帝

不都長安、固作兩都賦以諷、宗時除蘭臺令史、遷為郎

序文語拯淡然
絶有其味調極
平緩絶有雅致
但即眼前鋪敘
更不鈎援却自
無不盡卽奏最
源妙舒徐典間
有自然之頹樣
盖緣籍液故氣
慶關後世所明
廟堂冠冕皆經

或曰、賦者古詩之流也、昔成康沒而頌聲寢、王澤

弱而詩不作、大漢初定、日不暇給、至於武宣之世、

乃崇禮官、考文章、內設金馬石渠之署、外興樂府

文選瀹註卷一　　賦　京都

玉堂才調集

東

大酺　　　　　　　杜審言

毘陵震澤九州通士女歡娛萬國同伐鼓撞鐘驚海上

新粧祕服照江東梅花落處疑殘雪柳葉開時任好風

火德雲官逢道泰天長地久屬年豐

興慶池侍宴應制　　　沈佺期

碧水澄潭映遠空紫雲香駕御微風漢家城闕疑天上

秦地山川似鏡中向浦廻兒萍巳綠分林蔽殿槿初紅

古來徒羨橫汾賞 曲一作 今日宸遊聖藻雄

玉堂才調集

東

30627　玉堂才調集三十一卷　（清）于鵬舉輯　清康熙刻本　遼寧省圖書館

玉堂才調集

東

六酺

毗陵震澤九州通士女歡娛萬國同伐鼓撞鐘驚海上　杜審言

新粧祯服照江東梅花落處疑殘雪柳葉開時任好風

火德雲官逢道泰天長地久屬年豐

典慶池侍宴應制　沈佺期

碧水澄潭映遠空紫雲香駕御微風　漢家城闕疑天上

泰地山川似鏡中向浦列舟萍己綠分林蔽殿槿初紅

古來徒羨橫汾賞曲一作今日宸遊聖藻雄

玉堂才調集

30628　玉堂才調集三十一卷　（清）于鵬舉輯　清康熙得月樓刻本

瀋陽市圖書館

詩林韶濩卷第一

長洲顧　嗣立　俠君　類選

御製

唐太宗皇帝

秋日　節序

爽氣澄蘭沼秋風動桂林露凝千片玉菊散一叢金日

岫高低影雲空點綴陰蓬瀛不可望泉石且娛心

月晦　節序

晦魄移中律凝暄起麗城罩雲朝蓋上穿露曉珠呈笑

樹花分色喻枝鳥合聲披襟歡眺望極目暢春情

守歲　節序

秀野草堂

30629　詩林韶濩二十卷　〔清〕顧嗣立輯　清康熙四十四年（1705）

顧氏秀野草堂刻本　遼寧省圖書館

御定歷代題畫詩類卷第一

翰林院編修臣陳邦彥奉

旨校刊

天文類

觀慶雲圖

唐 李行敏

縑素傳休祉丹青狀慶雲非煙凝漠漠似蓋乍紛紛尚駐從
龍意全舒捧日文光因五色起影向九霄分裂素觀嘉瑞披
圖賀聖君寧同窺汗漫方此觀氛氳

觀慶雲圖

唐 柳宗元

設色初成象卿雲示國都九天開祕祉百辟贊嘉謨抱日依
龍袞非煙近御爐高標連汗漫向望接虛無裂素縈光發舒

歷代題畫詩類卷一 天文類 一

30630　御定歷代題畫詩類一百二十卷　（清）陳邦彥輯　清康熙四十

六年（1707）揚州詩局刻陳邦彥進呈本　大連圖書館

歷朝名媛詩詞卷一

漢

唐山夫人

周有房中之樂所以歌詠后妃之德泰始皇
改曰壽人使壽詞於房中者漢房中樂詩高
祖唐山夫人作孝惠時使樂府令備諸簫管
更名安世樂至魏文帝言其無有二南風化
之旨改爲享神曲云○親其始止首房中之
音也以下都頌上德薦郊廟語有唱有嘆仞

30631　歷朝名媛詩詞十二卷　（清）陸昶輯　清乾隆三十八年（1773）

紅樹樓刻本　瀋陽師範大學圖書館

名文小品冰雪攜

文昌閣記

吳下　懶仙衛泳　馮琦箋

斗魁戴筐六星曰文昌宮按天文魁主曰平旦
建寅德在東方故天官書曰魁海岱以東北也
然則海岱諸郡宜祠文昌今天下學宮多祠文
昌而吾胸當斗柄所建于其照臨而獨闕如也
祠文昌自博士張君始以邑侯吳公終而移書
不佞爲之記余惟文明之代地絕天通人神不

30632　名文小品冰雪攜六卷　（清）衛泳輯　清順治十一年（1654）

刻本　遼寧省圖書館

御選唐宋文醇卷之一

昌黎韓愈文一

原毀

古之君子其責己也重以周其待人也輕以約重以周故
不怠輕以約故人樂為善聞古之人有舜者其為人也仁
義人也求其所以為舜者責於已曰彼人也予人也彼能
是而我乃不能是早夜以思去其不如舜者就其如舜者
聞古之人有周公者其為人也多才與藝人也求其所以
為周公者責於已曰彼人也予人也彼能是而我乃不能

御選唐宋文醇／卷一　韓愈　雜著　二

30633　**御選唐宋文醇五十八卷**　〔清〕高宗弘曆選　〔清〕允禄等輯

清乾隆三年（1738）武英殿刻四色套印本　遼寧省圖書館

兩漢策要卷之一

賢良策第一道

董仲舒 廣川人也少治春秋孝景時
為博士下帷講誦弟子傳以

久次相授業或莫見其面蓋三年
不窺園其精如此進退容止非禮
不行學士皆師尊之武帝即位舉
賢良文學之士前後百數而仲舒
以賢良對策焉

30634　兩漢策要十二卷　（宋）陶叔獻編　清乾隆五十六年（1791）
張朝樂刻本〔卷三未刻〕　遼寧省圖書館

王荊公唐百家詩選卷第一

明皇二首　　德宗一首

薛稷一首　　劉希夷九首

王適一首　　韋述一首

盧象十首　　孟浩然三十三首

明皇二首

早渡蒲關

鍾鼓嚴更曙山河野望通鳴鑾下蒲坂飛旆入

秦中地險關逾壯天平鎮尚雄春來津樹合月

落戍樓空馬色分朝景雞聲逐曉風所希常道

30635　王荊公唐百家詩選二十卷　〔宋〕王安石輯　清康熙四十三年

（1704）雙清閣宋犖、丘迥刻本　遼寧省圖書館

9242

唐詩解卷之一

華亭唐汝詢□□言父選釋

武林　毛先舒馳黃父

蕭人鳳六象父　參校

五言古詩一

魏徵

述懷

樂府作出關〔唐書本傳〕徵少有大志從李密來京師未知名自請安輯山東乃擢秘書丞馳驛至黎陽此詩蓋馳驛府作

中原還逐鹿投筆事戎軒縱橫計不就慷慨志猶

唐詩解　卷之一　萬笈堂

30636　唐詩解五十卷詩人爵里一卷　（明）唐汝詢輯　清順治十六年（1659）萬笈堂刻本　遼寧省圖書館

御選唐詩第一卷

五言古

唐太宗皇帝　帝姓李氏諱世民神堯次子初建秦
府即開文學館既即位殿左置弘文
館悉引內學士番宿更休聽朝之間則與討論典
籍雜以文詠詩筆草隸卓越前古至於天文秀發
沈麗高朗有唐三百年風
雅之盛帝實有以啟之焉

帝京篇

秦川雄帝宅　一名樊川魏明帝詩出身秦川爰居伊洛
〔三秦記〕長安正南秦嶺嶺根水流爲秦川

御選唐詩　卷之一　　二

唐詩英華卷一　　　　　　吳江顧有孝茂倫編

初唐一

杜審言

新唐書云審言進士擢初爲隰城尉雅善五言

詩工書翰有能名然恃才謇傲甚爲時輩所嫉

乾封中蘇味道爲天官侍郎審言預選判訖

謂人曰蘇味道必死矣人問其故審言曰見吾

即自當羞死矣又嘗謂人曰吾之文章合得屈

宋作衙官吾之書跡令羲之北面其矜誕

如此累轉雒陽丞坐事貶授吉州司戶參軍又

30638　唐詩英華二十二卷　〔清〕顧有孝輯　清初顧氏寧遠堂刻本

遼寧省圖書館

唐賢三昧集卷上

濟南　王士禎　編

王維

贈劉藍田

籬間犬迎吠出屋候荊扉歲晏輸井稅山村人夜
歸曉田始家食餘布成我衣詎肯無公事煩君問

是非

贈祖三詠

蟪蛄挂虛牖蟋蟀鳴前除歲晏涼風至君子復何
如高館閒無人離居不可道閒門寂已閉落日照

30639　唐賢三昧集三卷　（清）王士禎輯　清蘸延齋刻本　遼寧省博物館

唐賢三昧集卷上

　　濟南　王士禎　編

王維

　贈劉藍田

籬間犬迎吠出屋候荆扉歲晏輸井稅山村人夜
歸晚田始家食餘布成我衣詎肯無公事煩君問

是非

〇贈祖三詠

蟪蛸挂虛牖蟋蟀鳴前除歲晏涼風至君子復何
如高館聞無人離居不可道閉門寂已閉落日照

30640　唐賢三昧集三卷　（清）王士禎輯　清康熙刻本　瀋陽師範大學圖
書館

御定全唐詩録卷第一

禮部侍郎 臣徐倬 翰林院侍讀學士臣徐元正奉

旨校刊

太宗

帝姓李氏諱世民高祖第二子高祖起義兵拜右

領大都督封燉煌郡公徙封趙國公高祖受禪拜

尚書令右武侯大將軍進封秦王海内漸平乃銳

意經籍開文學館以待四方之士杜如晦等十有

八人為學士與之討論雖受高祖傳位實首開創

之主

唐詩品云文皇生更隋代蠹事藝文習氣既開神

30641　御定全唐詩録一百卷 〔清〕徐倬　徐元正編　清康熙四十五年
（1706）揚州詩局刻徐倬進呈本　遼寧師範大學圖書館

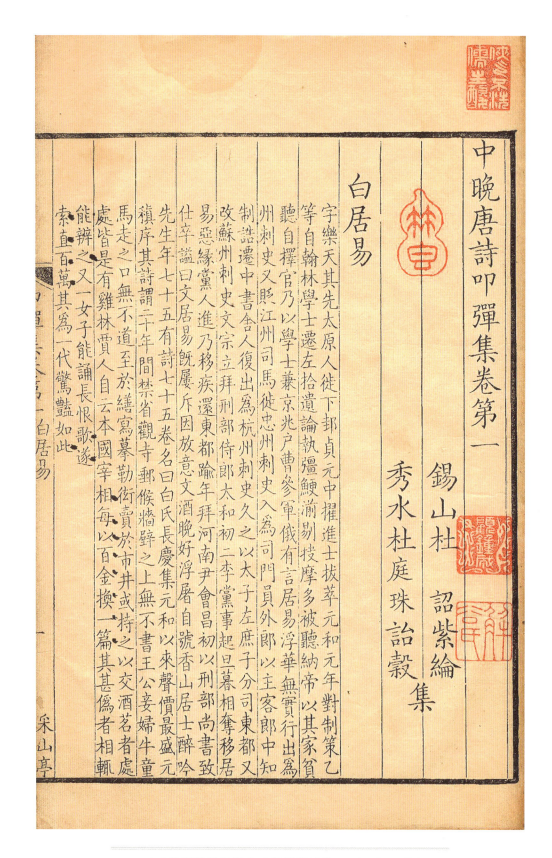

中晚唐詩叩彈集卷第一

錫山杜　詔紫綸

秀水杜庭珠詒穀集

白居易

字樂天其先太原人徙下邽貞元中擢進士拔萃元和元年對制策乙等自翰林學士遷左拾遺論執彊鯁諷剔搜摩多被聽納帝以其家貧聽自擇官乃以學士兼京兆戶曹參軍俄有言居易浮華無實行出爲州刺史又歷江州司馬徙忠州刺史入爲司門員外郎以主客郎中知制誥遷中書舍人復出爲杭州刺史久之以太子左庶子分司東都又改蘇州刺史進乃移疾還東都踰年拜河南尹會昌初以刑部尚書致易惡緣黨人進乃移疾還東都踰年拜河南尹會昌初以刑部尚書致仕卒諡曰文居易既屢斥因放意文酒晚好浮屠自號香山居士醉吟先生年七十五有詩七十五卷名曰白氏長慶集元和以來聲價最盛元稹序其詩謂二十年間禁省觀寺郵候牆壁之上無不書王公妾婦牛童馬走之口無不道至於繕寫摹勒賣於市井或持之以交酒茗者處處皆是又有雞林賈人自云本國宰相每以百金換一篇其甚僞者相輒能辨之又一女子能誦長恨歌遂索直百萬其爲一代驚豔如此

采山亭

30642　中晚唐詩叩彈集十二卷續集三卷　（清）杜詔　杜庭珠輯

清康熙四十三年（1704）采山亭刻本（缺序首半頁、卷十二第三十至三十一頁）　大連圖書館

元詩選甲集

長洲　顧　嗣立　秀野草堂　集

遺山先生元好問

好問字裕之太原秀容人七歲能詩有神童之目年十
四從陵川郝天挺學六年而業成下太行渡大河為箕
山琴臺等詩禮部趙秉文見之以為近代無此作也于
是名震京師謂之元才子金宣宗興定三年登進士第
不就選往來箕潁者數年除南陽令調內鄉歷尚書省
掾左司都事員外郎天興初入翰林知制誥金亡不仕
元世祖在藩邸聞其名將以館閣處之未用而卒年六
十有八世稱遺山先生天才清贍蹇婉高古沈鬱
太和力出意外巧縟而不見斧鑿新麗而絕去浮靡雜
弄金碧粲飾丹素奇芬異彩動蕩心魄以五言為雅正

列朝詩集　乾集之上

聖製

太祖高皇帝　二十八首

建文惠宗讓皇帝　三首

太宗文皇帝　二首

仁宗昭皇帝　九首

宣宗章皇帝　四十二首

孝宗敬皇帝　一首

武宗毅皇帝　四首

興獻王睿宗獻皇帝　一首

世宗肅皇帝　二首

神宗顯皇帝　一首

○太祖高皇帝

30644　列朝詩集乾集二卷甲集前編十一卷甲集二十二卷乙集八

卷丙集十六卷丁集十六卷閏集六卷　（明）錢謙益輯　清順治九年（1652）

毛氏汲古閣刻本　遼寧省圖書館

明詩綜卷一上

小長蘆　朱彝尊　錄
休陽　汪森　緝評

太祖高皇帝　三首

帝諱元璋姓朱氏字國瑞濠之鍾離東鄉人元

至正十一年辛卯起兵丁未稱吳元年戊申建

元洪武在位三十一年崩葬孝陵在應天府治東北鍾山之陽永

樂元年上尊諡曰聖神文武欽明啓運俊德成

功統天大孝高皇帝廟號太祖嘉靖十七年改

上尊諡曰開天行道肇紀立極大聖至神仁文

義武俊德成功高皇帝有御製詩集五卷

明詩綜卷一上

　　　　　　　　　　小長蘆　朱彝尊　錄

　　　　　　　　　　休陽　　汪森　　緝評

太祖高皇帝　三首

帝諱元璋姓朱氏字國瑞濠之鍾離東鄉人元

至正十一年辛卯起兵丁未稱吳元年戊申建

元洪武在位三十一年崩葬孝陵在應天府治東北鍾山之陽永

樂元年上尊諡曰聖神文武欽明啓運俊德成

功統天大孝高皇帝廟號太祖嘉靖十七年改

上尊諡曰開天行道肇紀立極大聖至神仁文

義武俊德成功高皇帝有御製詩集五卷

明詩綜卷一上

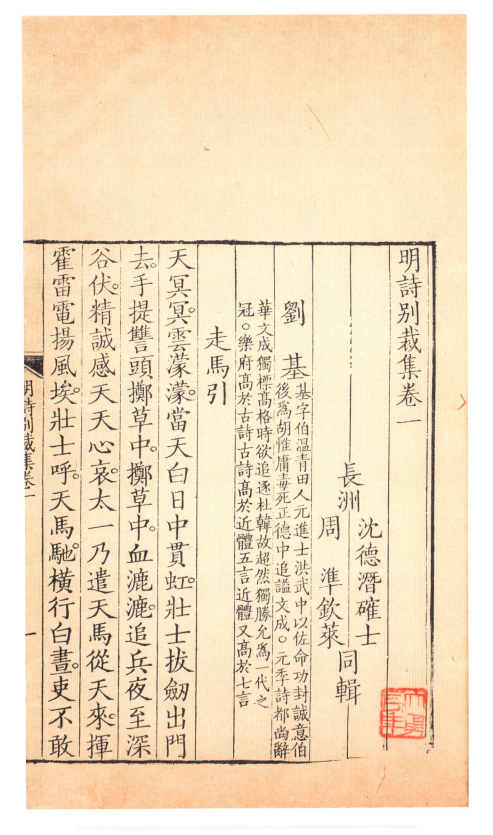

明詩別裁集卷一

長洲　沈德潛確士
　　　周　準欽萊　同輯

劉　基　基字伯溫青田人元進士洪武中以佐命功封誠意伯
後爲胡惟庸毒死正德中追諡文成〇元季詩都尚辭
華文成獨標高格時欲追逐杜韓故超然獨勝允爲一代之
冠〇樂府高於古詩古詩高於近體五言近體又高於七言

走馬引

天冥冥雲濛濛當天白日中貫虹壯士拔劍出門
去手提讐頭擲草中擲草中血漉漉追兵夜至深
谷伏精誠感天天心哀太一乃遣天馬從天來揮
霍雷電揚風埃壯士呼天天馬馳横行白晝吏不敢

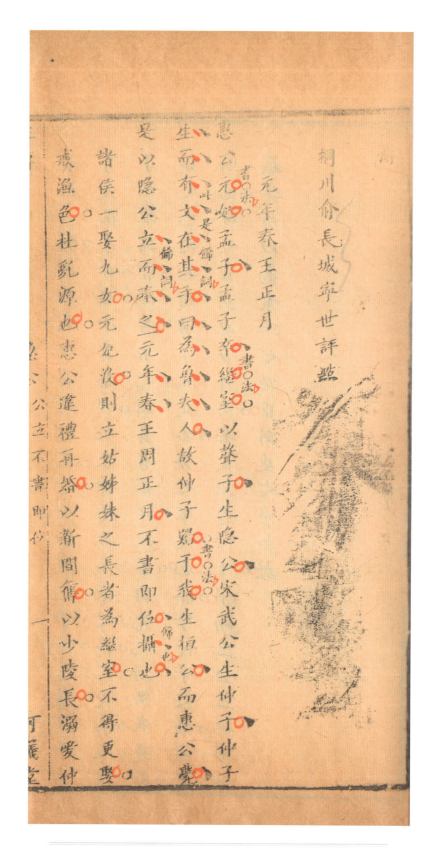

30648　可儀堂古文選　〔清〕俞長城評點　清乾隆二十四年（1759）金閶

書業堂刻本　瀋陽市圖書館

皇清文穎卷首一

聖祖仁皇帝御製文

論

　愼幾微論

易曰幾者動之微吉之先見者也夫天下之廣事物
之衆其接於中而散見於外者至紛綸而莫可紀極
然當其寂焉獨處萬感不交自人窺之罔測端倪而
心之隱躍欲動者已灼然其不能過此所謂幾也幾

30649　皇清文穎一百卷首二十四卷目録六卷　（清）張廷玉等輯

清乾隆十二年（1747）武英殿刻本　遼寧省圖書館

新安二布衣詩卷之一

濟南　王士禛　貽上　選

新安後學　汪洪度　于鼎

吳瞻泰　東巖　校

吳非熊集

送陳大理德遠奉使還瑞州

離亭別酒雁嚨嚨星使何年帝里逢歸路馬寒廬

岳雪驛樓人夢秣陵鐘城臨錦水方迎櫂家在荷

山不廢農惟有禰生狂似舊嗟君去後復誰容

送汪堯卿赴黔中張使君幕

姚江逸詩 卷之一

後學 黃宗羲輯選
　　　鄔景從彙刻
　　　倪繼宗重訂

○虞炎 四首

齊永明中以文學與沈約俱爲文惠太子所遇意盼殊常官至驍騎將軍

玉階怨
紫藤拂花樹黃鳥度青枝思君一歎息苦淚應言垂

餞謝文學離夜
差池燕始飛暴歷草初輝離人悵東顧遊子慘西歸清潮已駕渚溽露復沾衣一乘當春聚方掩故園扉

30651　姚江逸詩十五卷　（清）黃宗羲輯　清康熙南雷懷謝堂刻五十七年（1718）倪繼宗重修本　大連圖書館

續姚江逸詩卷之一

後學倪繼宗選輯

○黃宗羲 七十七首

宗羲字太冲號梨洲忠端公長子於書無所不窺尤長
於辨論斠今酌古不爽毫髮順治中舉先朝遺獻及康
熙間累徵不就當世重其文益高其行崑山三徐咸折
節下之一時出其門多知名之士若武林查嗣韓甬東
陳錫嘏仇兆鼇范光陽鄭梁其顯者也選姚江逸詩有
南雷文案前後集行於世

宋六陵

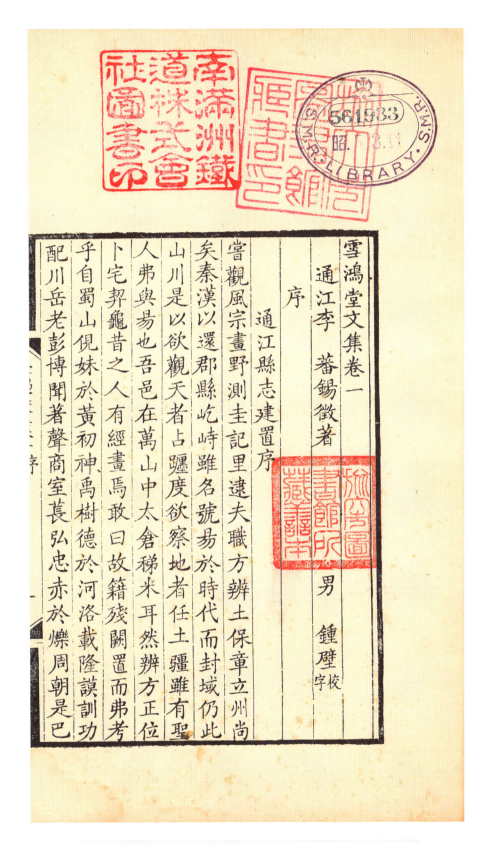

雪鴻堂文集卷一

通江李　蕃錫徵著

序

男　鍾璧字校

通江縣志建置序

當觀風宗畫野測圭記里逮夫職方辨土保章立州尚

矣秦漢以還郡縣屹峙雖名號易於時代而封域仍此

山川是以欲觀天者占躔度欲察地者任土疆雖有聖

人弗與易也吾邑在萬山中太倉秭米耳然辨方正位

卜宅掙龜昔之人有經畫焉敢曰故籍殘關置而弗考

乎自蜀山倪妹於黃初神禹樹德於河洛載隆謨訓功

配川岳老彭博聞著聲商室葚弘忠赤於爍周朝是巳

范忠宣公集卷第一

古賦

秋風吹汝水賦 時作襄城宰汝
州太守席上賦

歲作噩之窮秋兮策羸驂而獨征嗟旅懷之羈憤兮感

時律之峥嶸遵汝流之縈紆兮背嵩峯之翠橫號霜風

之惊慄兮蕭天地而淒清獵葭葦于晚岸兮雜紅翠之

搖旌脫林實於沙際兮浮瑣碎之秀瑩激回流之平迥

兮蠻綃文之細輕涵夕照之演漾兮蕩澄潭之空明促

東逝之滔滔兮方感概於余行糜王事以去留兮蹟未

安而遠更佩主人之眷勤兮服友生之意誠何會合之

難久兮特離憂之易并儻丘園之可服兮將就濯其塵

歲寒堂

30654　范文正公忠宣公全集七十三卷 　（宋）范仲淹　范純仁撰

清康熙四十六年（1707）歲寒堂刻本　大連圖書館

東山偶集

古今體詩　　　　淳村曹三德曰亭氏著

八月中秋應制二十韻

太液清商夜　瑤臺秋氣中　星臨萬戶迥　雲净九霄通　擊鼓
揚塵晚吹　幽揉俗同　霓裳雙闕舞　拍葉滿庭空　光射明珠
露香飄挂子　風樓開圓鏡　影潭映玉鈎　穹未盡春　巢燕光
來北渚鴻　芙蓉連漢北　杜若慢城東　淑氣鳴天籟　凉飈徵
歲豐堯尊頌　中使禹食詔　羣工綠仗輕　寒外軒車待漏終
白蓮池更發　黃菊葉旋叢　獻矢妖氛静　飲酣膏澤洪
上聖壽北斗　挂文虹紫電　呈秋草金籠　吟夜蟲關河　曙
望遠帳殿　一朝雄複道　呼金馬重門　落曉攜御香隨玉步
麟閣奏邊功　百爾衰須協　惟皇聽復聰　正逢佳節醉不

30655　東山偶集一卷　（清）曹三德撰　清抄本　鄧之誠題識　遼寧省圖書館

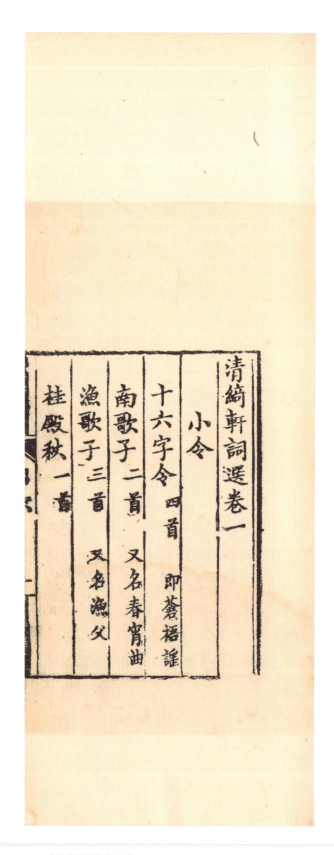

30656　清綺軒詞選十三卷　　（清）夏秉衡輯　清乾隆刻本　遼寧省圖書館

詞律卷一

古越吳大司馬畱村先生鑒定

陽羨萬　樹紅友論次

姚江姜　垚蓉崖　　古越吳秉仁慎菴

全豀

古越吳秉釣琰青　　山陰吳棠禎雲舫　校閱

竹枝　十四字　又名巴渝辤　　皇甫松

芙蓉金菊　竹枝　一心連兒花侵隔子　眼應穿兒

〔韻〕女　竹　叶女

30657　詞律二十卷　（清）萬樹撰　清康熙二十六年（1687）萬氏堆絮園
刻本　遼寧省圖書館

讀離騷

　　　　　　長洲　尤侗　悔菴　譔

正目

　湘纍問天呵壁　　漁父說客垂綸

　巫女朝雲感夢　　宋玉年日招魂

第一折

〔正末扮屈原上菩薩蠻〕洞庭木落秋風嬝平蕪極望

愁香草歲晏歡華予君門虎豹居美人來又去解佩

空延佇搔首問青天青天正醉眠下官屈平字原楚

之同姓也仕先懷王時爲三閭大夫入則與王圖議

國事以出號令出則接遇賓客應對諸侯臣耐上官

30658　西堂樂府六種七卷　（清）尤侗撰　清康熙刻本　瀋陽師範大學圖書館

吳吳山三婦合評牡丹亭還魂記　湯義仍先生撰

玉茗堂元本

黃山陳同玄令評點

荊溪錢宜在中參評

上卷

標目

〔漢宮春〕杜寶黃堂　生麗娘小姐愛嬌春　歲夢書

生折柳覓為情傷寫真留記葬梅花道院妻寮

年上有夢梅柳子於此賦高唐　栗爾回生定配

丹亭上三生路

……朝復暮紅燭迎人俊得江山助但是相思莫相負牲

蝶戀花末上忙處拋人開處住百計思量沒箇為歡

〔還魂記〕上標目

30659　吳吳山三婦合評牡丹亭還魂記二卷　（明）湯顯祖撰　（清）

陳同　談則評點　（清）錢宜參評　清康熙刻本　錦州市圖書館

閨中日月惟以思
重作消遣耳

情不獨兒女也惟
兒女之情最難告
人故千古忘情人
必于此處看破然
看破而至于相忘
則又不及情矣
錢日兒女英雄同
一情也項羽帳中
之欲歌歌奈何此
是難訴處
世境本安兄事多
遊春而感夢因夢
而寫真而死而復
生許多公案皆靈

吳吳山三婦合評牡丹亭還魂記

湯義仍先生
玉茗堂元本
黃山陳同大令評點
古虞錢宜在中參評

上卷

標目

蝶戀花末上忙處拋人閒處住百計思量沒箇為歡
處自日消磨腸斷句世間只有情難訴
朝復暮紅燭迎人俊得江山助但是相思莫相負牡

丹亭上三生路

漢宮春杜寶黃堂生麗娘小姐愛踏春陽感夢書
生折柳竟為情傷寫真留記葬梅花道院淒凉
年上有夢梅柳子於此赴高唐　梁前回生定配

還魂記上

一

30660　吳吳山三婦合評牡丹亭還魂記二卷　（明）湯顯祖撰　（清）
陳同　談則評點　（清）錢宜參評　清康熙刻本　瀋陽師範大學圖書館

廿一史彈詞註卷之一

成都楊　慎用修編著

漢陽張三異禹木增定

男仲璜別麓註　　孫坦舍坤章

伯琮鶴湄訂　　坦麟盡臣

叔班鵠巖黍　　坦驄青御

坦熊男祥全校

第一段　總說　西江月

天上烏飛兔走人間古往今來沉吟屈指數英才多少

是非成敗　富貴歌樓舞榭淒涼廢塚荒臺萬般回首

化塵埃只有青山不改　　詩曰

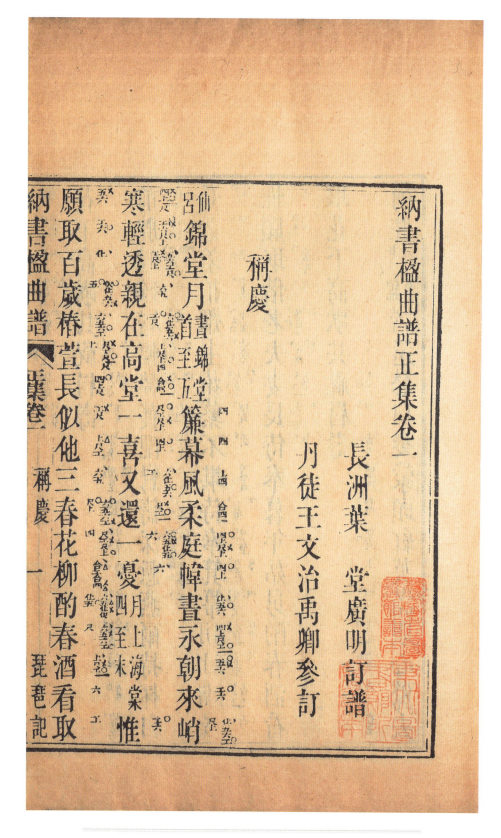

納書楹曲譜正集卷一

長洲葉　堂廣明訂譜

丹徒王文治禹卿參訂

稱慶

仙呂

錦堂月

畫錦堂簾幕風柔庭幃畫永朝來峭

寒輕透親在高堂一喜又還一憂

月上海棠惟

願取百歲椿萱長似他三春花柳酌春酒看取

納書楹曲譜《彙卷》

稱慶

琵琶記

新定九宮大成南詞宮譜卷之一

仙呂宮引目錄

奉時春　月令承應

鵲橋仙 一名廣寒秋　琵琶記

金鷄叫　月令承應

探春令 一名景龍燈　月令承應

望遠行　勸善金科

30663　新定九宮大成南北詞宮譜八十一卷總目三卷閏集一卷

〔清〕周祥鈺　鄒金生等輯　清乾隆十一年（1746）允祿刻朱墨套印本　遼寧省
圖書館

新定九宮大成南詞宮譜卷之一

仙呂宮引目録

奉時春　　月令承應

鵲橋仙 一名廣寒秋　琵琶記

金鷄叫　　月令承應

探春令 一名景龍燈　月令承應

望遠行　　勸善金科

30664　新定九宮大成南北詞宮譜八十一卷總目三卷閏集一卷

（清）周祥鈺　鄒金生等輯　清乾隆十一年（1746）允禄刻朱墨套印本　瀋陽音樂學院圖書館

新編錄鬼簿卷上

前輩已死名公有樂府行於世者

董解元　大金章宗時人以其創始故列諸首

太保劉公秉忠　名道字正叔見元遺山集三十九卷千秋錄

商政叔學士　名道字仲梁又字善夫濟南長清人

杜善夫散人　杜仁傑字仲梁又字善夫濟南長清人

闗仲章學士　白蘭谷天籟集附載僧仲璋九日述懷念奴嬌一闋注云仲璋俗姓闗

張子益平章　法諱志璉號山泉道人

王和卿學士　胡元瑞筆叢疑和卿即寔父非是和卿大名人寔父大都人也

盍志學學士　太和正音譜有闗志學又有盍西村

30665　新編錄鬼簿二卷　（元）鍾嗣成撰　清康熙四十五年（1706）
揚州詩局刻本　王國維校　遼寧省圖書館

聊齋志異卷一

淄川　蒲松齡　留仙　著

新城　王士正　貽上　評

考城隍

子姊夫之祖宋公諱燾邑廩生一日病臥見吏持牒牽
白顛馬來云請赴試公言文宗未臨何遽得考吏不言
但敦促之公力疾乘馬從去路甚生疏至一城郭如王
者都移時入府廨宮室壯麗上坐十餘官都不知何人
惟關壯繆可識簷下設几墩各二先有一秀才坐其末

少數民族文字
珍貴古籍

30667　四書六卷　（清）高宗弘曆敕譯　清乾隆六年（1741）内府刻本

滿文　遼寧省圖書館

30668 四書六卷 〔清〕高宗弘曆敕譯 清乾隆六年（1741）内府刻本

滿文 遼寧省圖書館

30669　四書六卷　〔清〕高宗弘曆敕譯　清乾隆六年〔1741〕内府刻本

滿文　遼寧省圖書館

第一字頭

此頭為後十一字頭之字母韻母 學者先將此頭誦寫 極熟 務俟筆
畫音韻清楚之 後再讀其餘字頭 自能分別 容易讀記 不致串混也

滿漢十二字頭單字聯字指南

錢塘 程明遠 佩和 校梓

長白 舞格 壽平 著述

滿漢字清文啟蒙業卷之一

30670　滿漢字清文啟蒙四卷　〔清〕舞格等撰　〔清〕程明遠校梓

清雍正八年（1730）刻本　滿漢合璧　瀋陽故宮博物院

30671　清文鑑二十卷綱目四卷序一卷　（清）聖祖玄燁撰　清康熙四

十七年（1708）內府刻本　滿文　遼寧省圖書館

30672　御製清文鑑二十卷　　〔清〕拉錫等編　清康熙五十六年（1717）

内府刻本　滿文　遼寧省圖書館

30673　御製滿蒙文鑑二十卷總綱四卷　（清）拉錫等編　清内府刻本

滿蒙合璧　遼寧省圖書館

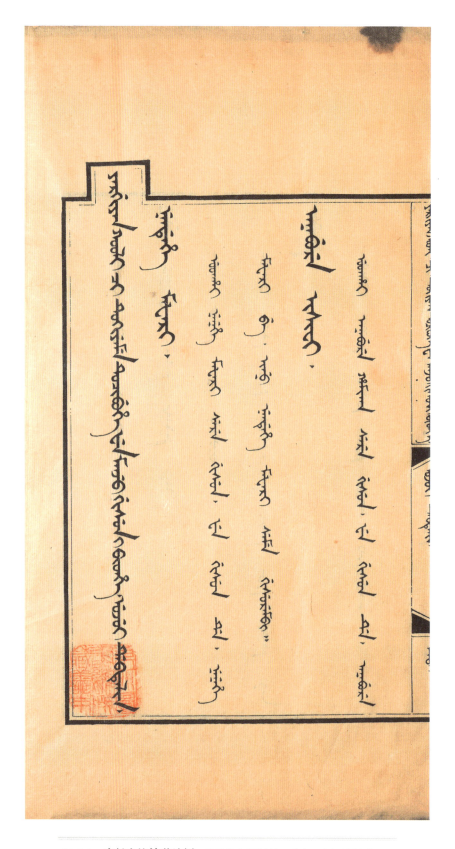

30674　實録内摘抄舊清語　清乾隆武英殿刻本　滿文　遼寧省圖書館

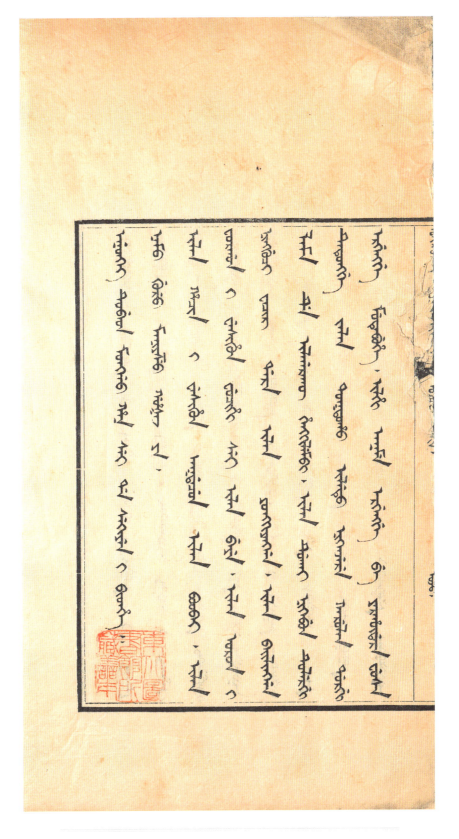

30675　蒙古源流八卷　〔清〕小徹辰薩囊台吉撰　清乾隆四十二年（1777）

武英殿刻本　蒙文　遼寧省圖書館

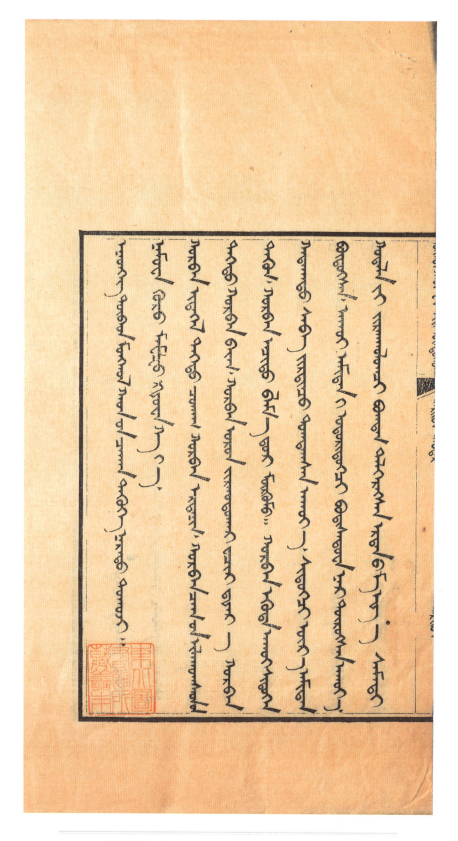

30676 蒙古源流八卷 （清）小徹辰薩囊台吉撰　清乾隆四十二年（1777）

武英殿刻本　滿文　遼寧省圖書館

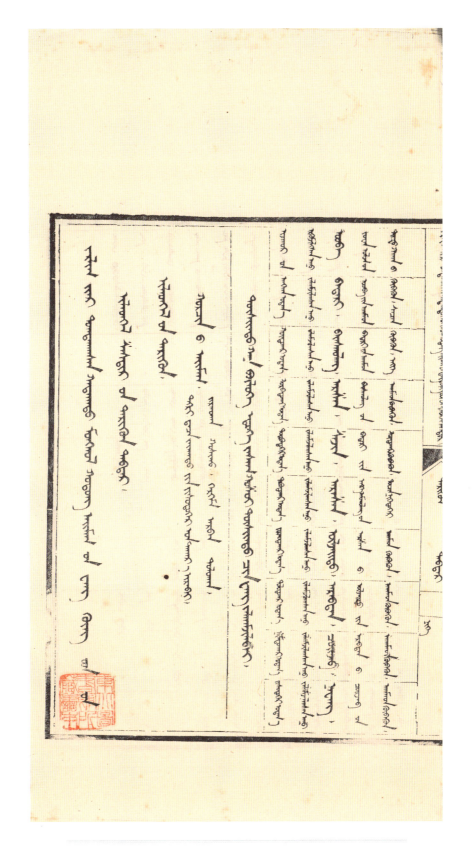

30677　外藩蒙古回部王公表傳一百二十卷　〔清〕國史館　理藩院
編纂　清嘉慶七年〔1802〕武英殿刻本　蒙文　遼寧省圖書館

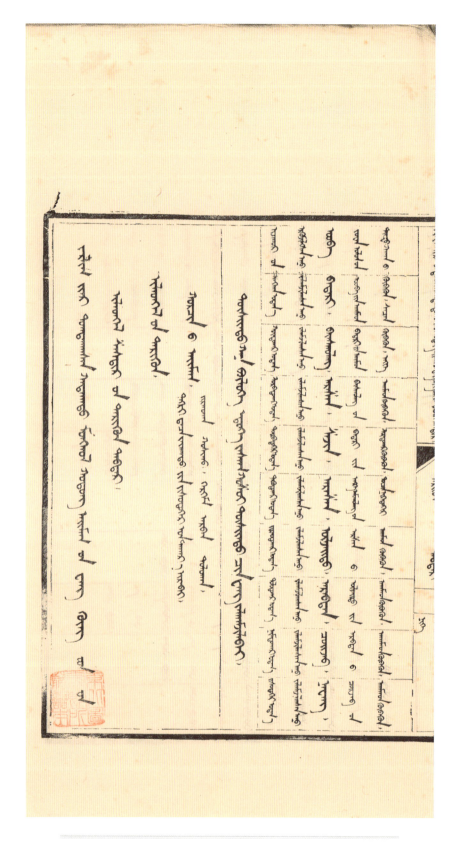

30678　外藩蒙古回部王公表傳一百二十卷　〔清〕國史館　理藩院

編纂　清嘉慶七年〔1802〕武英殿刻本　蒙文　遼寧省圖書館

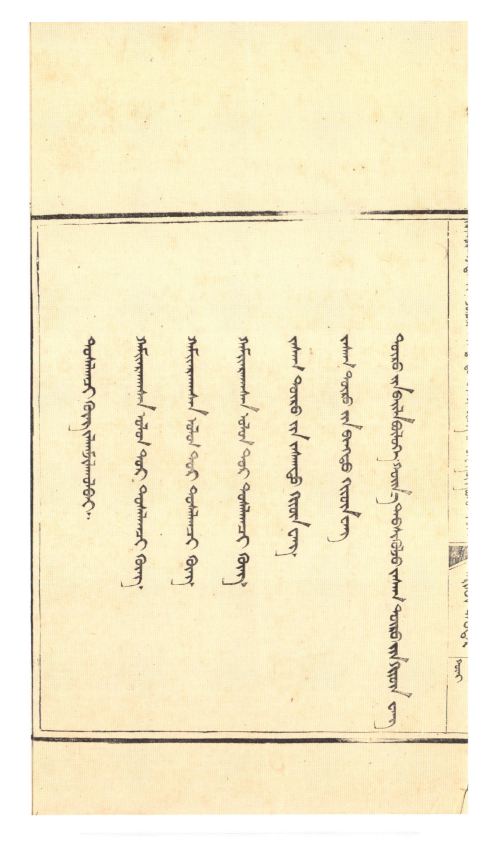

30679　欽定續纂外藩蒙古回部王公功績表傳二十四卷　　（清）潘
世恩等編纂　清道光十九年（1839）武英殿刻本　蒙文　遼寧省圖書館

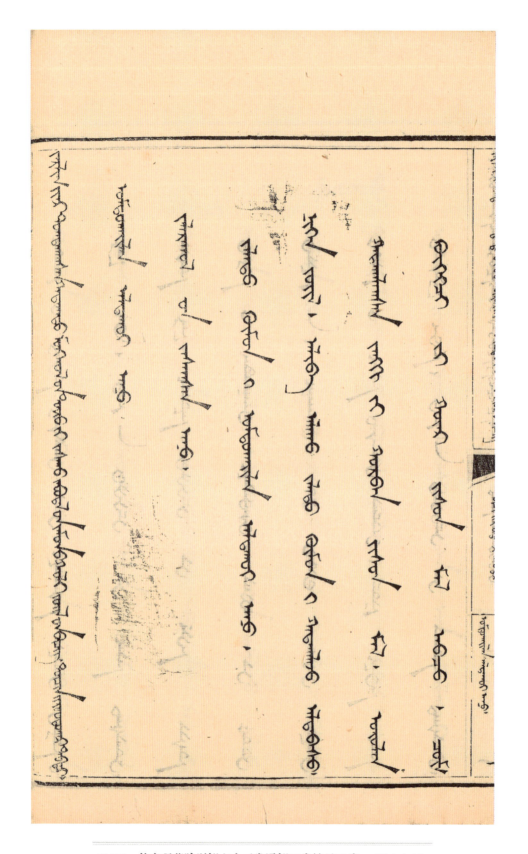

30680 欽定理藩院則例六十三卷通例二卷總目二卷 （清）塞尚阿

等修 清道光二十九年（1849）武英殿刻本 蒙文 遼寧省圖書館

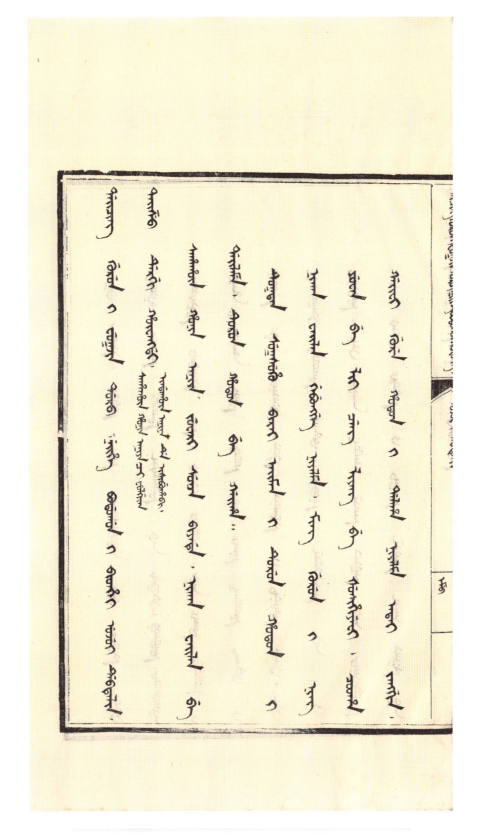

30681　皇清開國方略三十二卷首一卷　（清）阿桂等纂　清乾隆五十
一年（1786）武英殿刻本　滿文　遼寧省圖書館

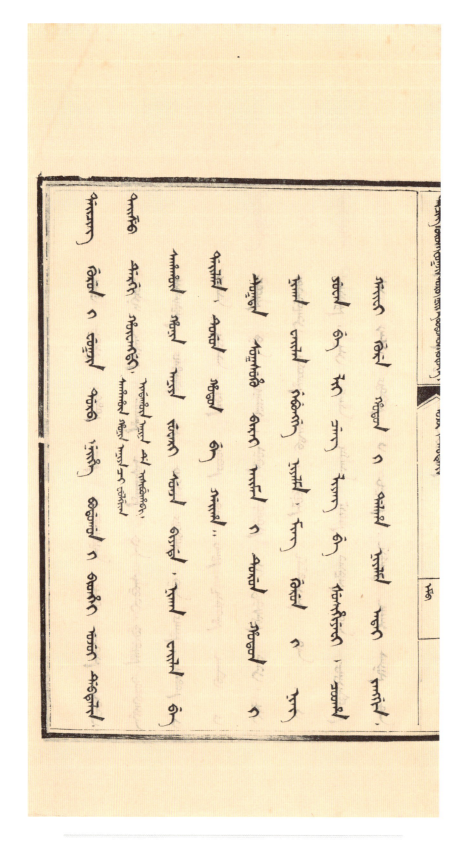

30682　皇清開國方略三十二卷首一卷　〔清〕阿桂等纂　清乾隆五十
一年〔1786〕武英殿刻本　滿文　遼寧省圖書館

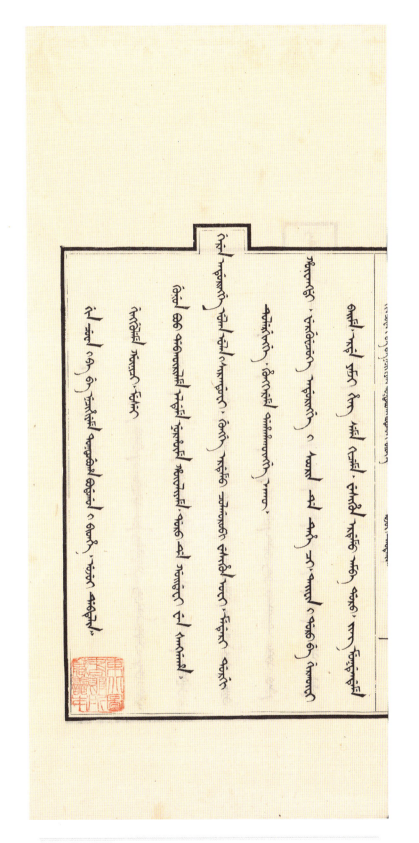

30683　平定金川方略二十六卷　〔清〕來保等纂　清乾隆十七年（1752）
武英殿刻本　滿文　遼寧省圖書館

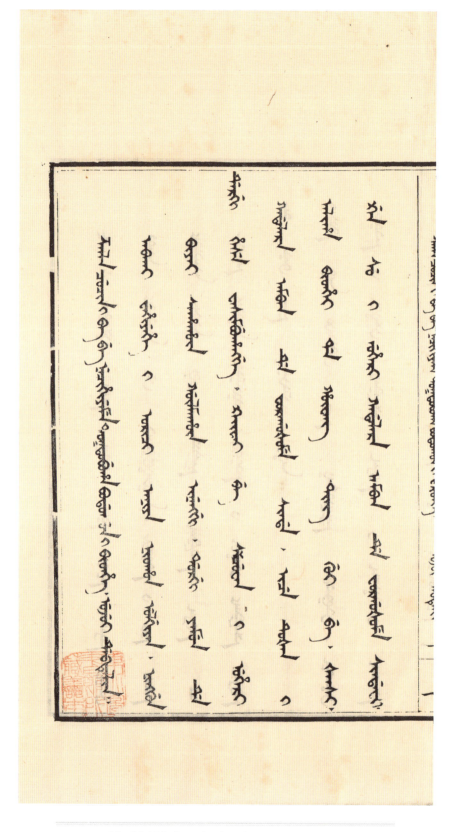

30684　平定兩金川方略一百三十六卷　〔清〕阿桂等纂　清乾隆刻本

滿文　遼寧省圖書館

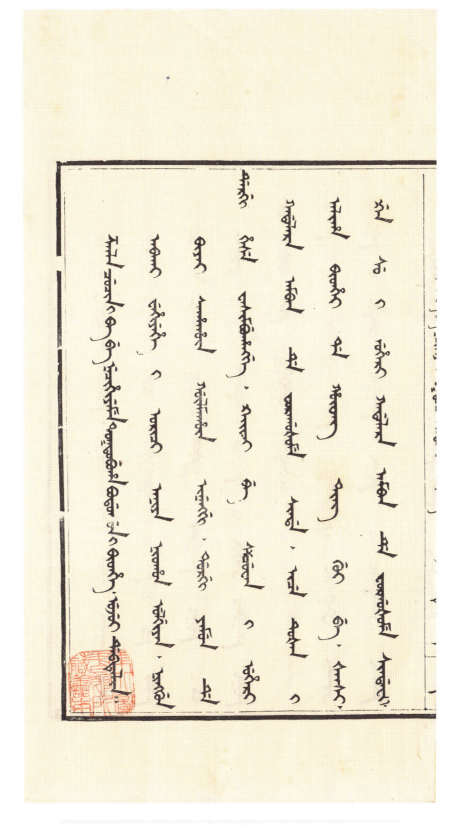

30685　平定兩金川方略一百三十六卷　　（清）阿桂等纂　清乾隆刻本
滿文　遼寧省圖書館

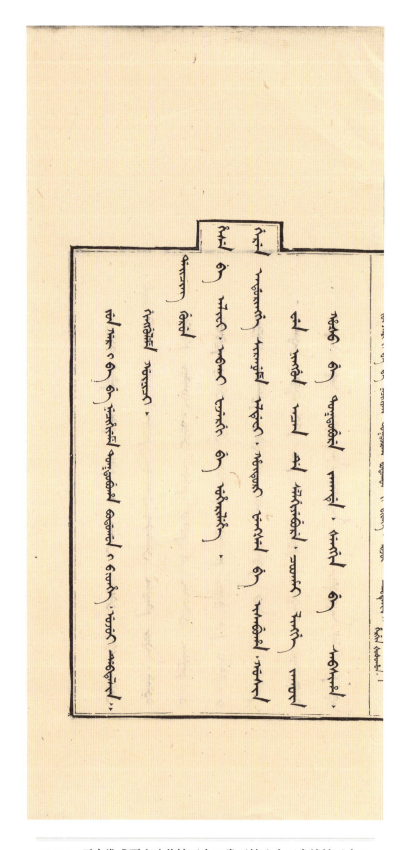

30686　平定準噶爾方略前編五十四卷正編八十五卷續編三十二

卷紀略一卷　　〔清〕傅恒等纂　清乾隆三十五年（1770）武英殿刻本　滿文
遼寧省圖書館

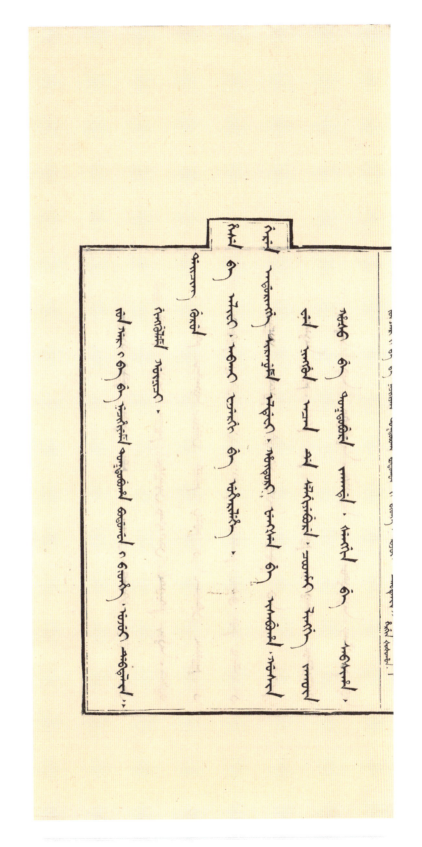

30687　平定準噶爾方略前編五十四卷正編八十五卷續編三十二
卷紀略一卷　（清）傅恒等纂　清乾隆三十五年（1770）武英殿刻本　滿文
遼寧省圖書館

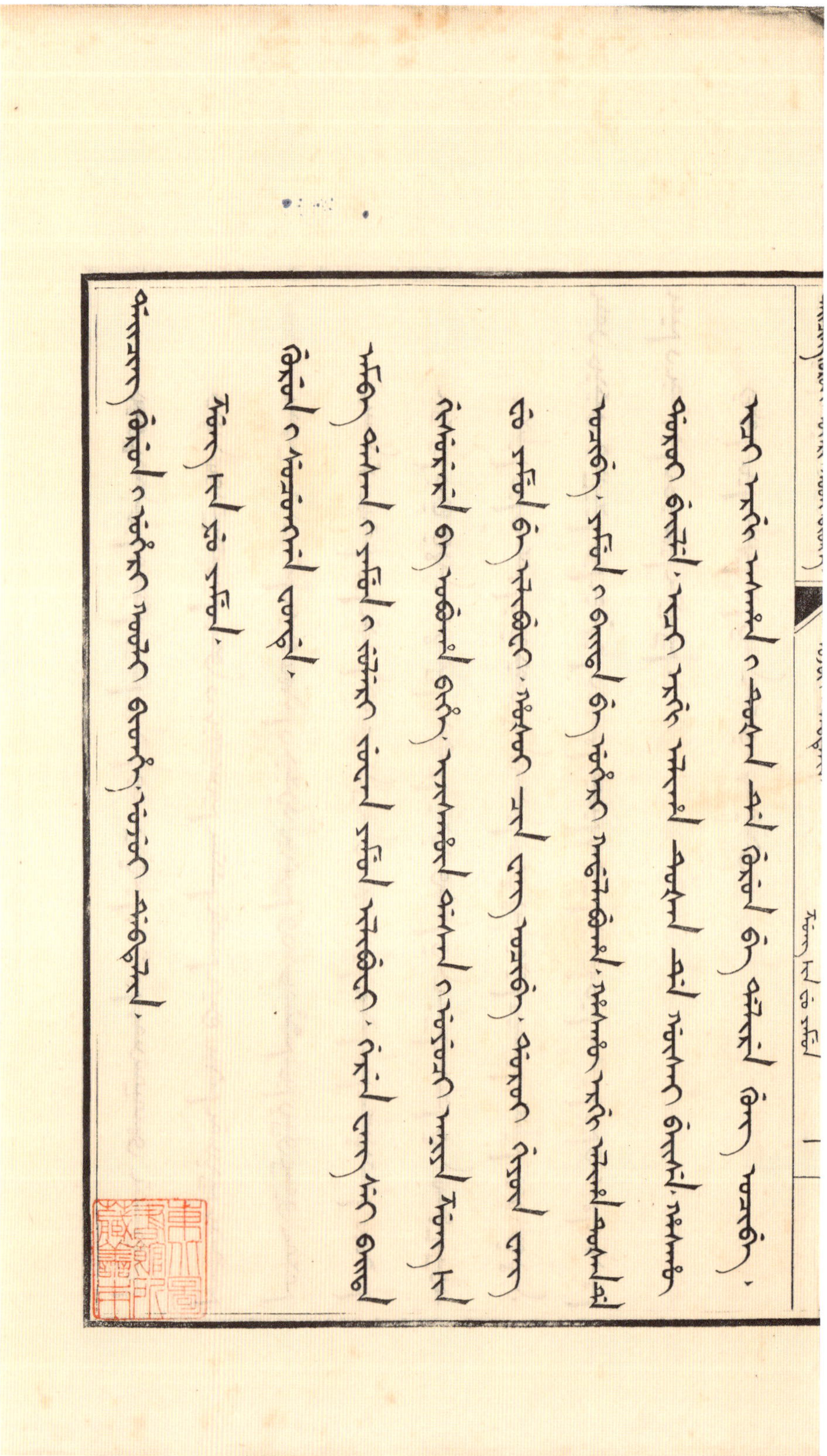

30688　大清會典二百五十卷　（清）允禄等纂　清雍正十年（1732）

武英殿刻本　滿文　遼寧省圖書館

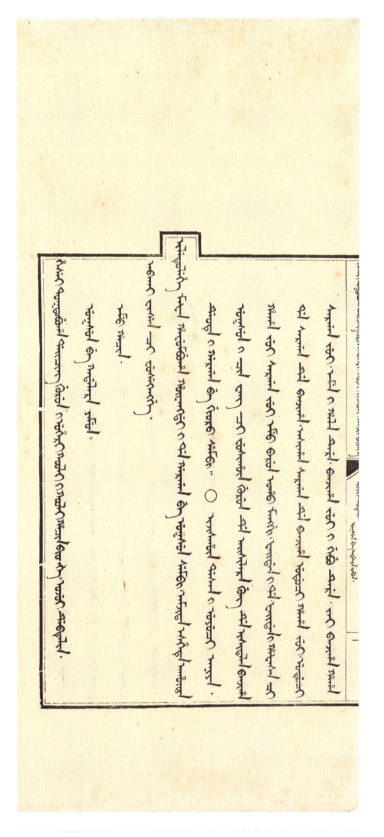

30689　欽定大清會典則例一百八十卷 〔清〕允祹等纂　清乾隆二十
九年（1764）武英殿刻本　滿文　遼寧省圖書館

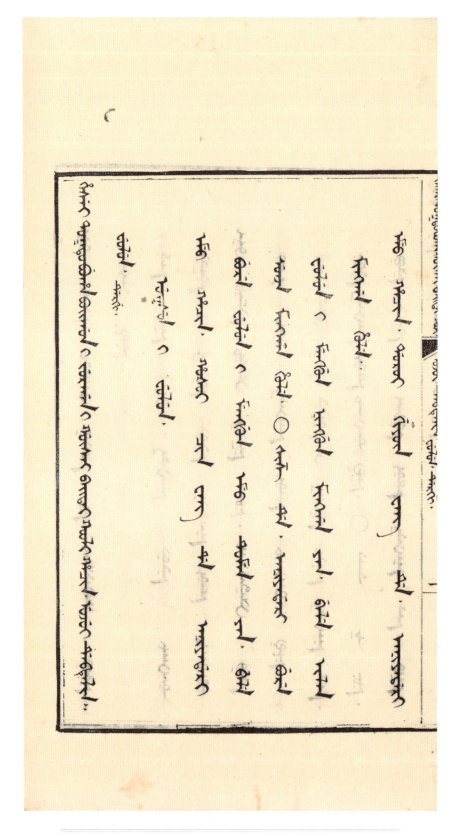

30690　欽定戶部旗務則例十二卷　〔清〕傅恒等纂　清乾隆三十四年

（1769）武英殿刻本　滿文　遼寧省圖書館

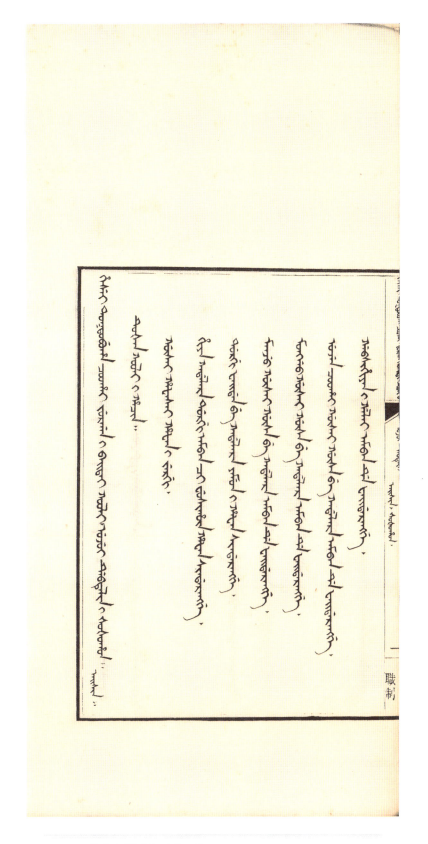

30691　欽定中樞政考三十一卷　〔清〕鄂爾泰等纂修　〔清〕文福等譯

清乾隆八年（1743）武英殿刻本　滿文　遼寧省圖書館

卷一名例

職官有犯

30692　大清律續纂條例二卷　〔清〕允禄等纂　清乾隆二十六年〔1761〕

武英殿刻本　滿文　遼寧省圖書館

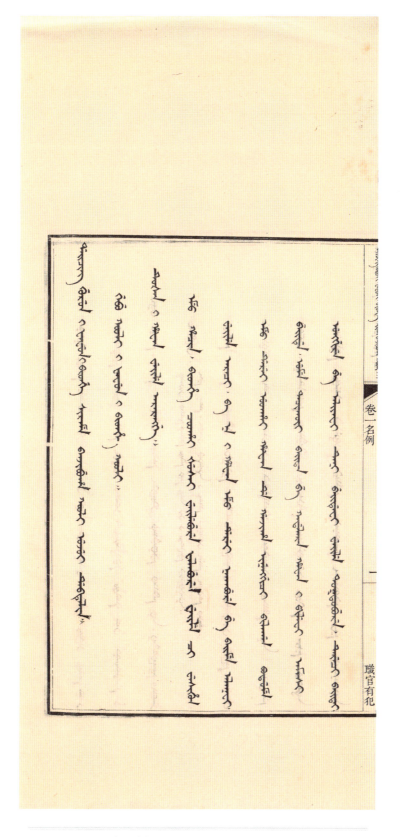

30693　大清律續纂條例二卷　〔清〕允禄等纂　清乾隆二十六年（1761）

武英殿刻本　滿文　遼寧省圖書館

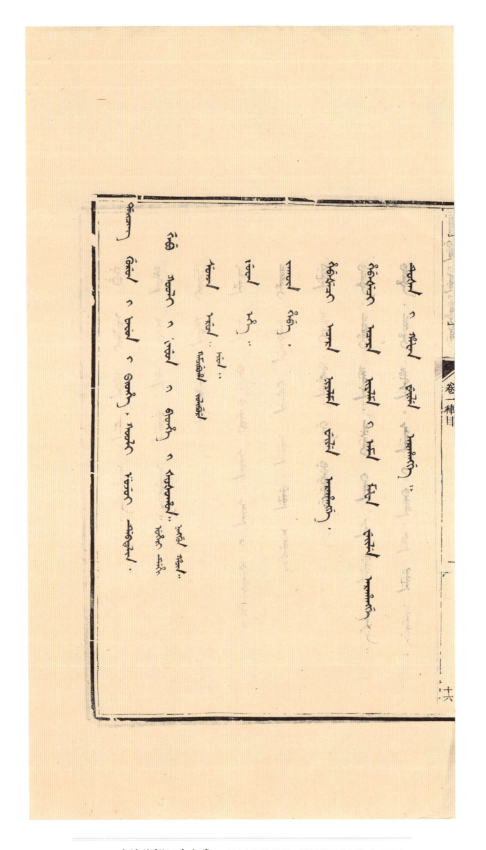

30694　大清律例四十七卷　〔清〕董誥等纂　清乾隆五十五年（1790）
武英殿刻嘉慶七年（1802）增修本　滿文　遼寧省圖書館

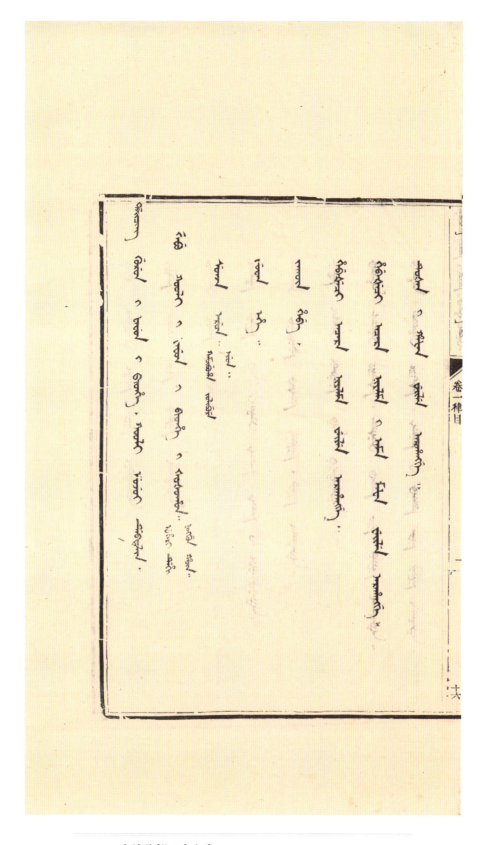

30695　大清律例四十七卷　〔清〕董誥等纂　清乾隆五十五年（1790）
武英殿刻嘉慶七年（1802）增修本　滿文　遼寧省圖書館

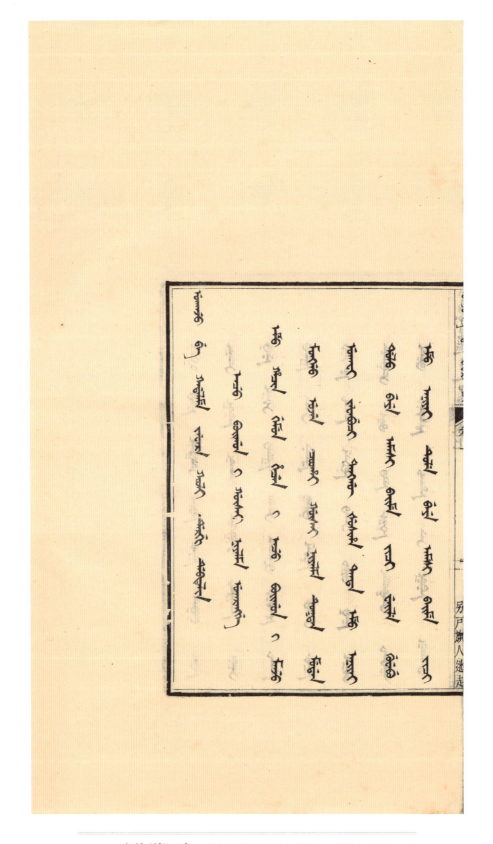

30696　督捕則例二卷　〔清〕徐本等纂　〔清〕明德等譯　清乾隆八年（1743）

武英殿刻本　滿文　遼寧省圖書館

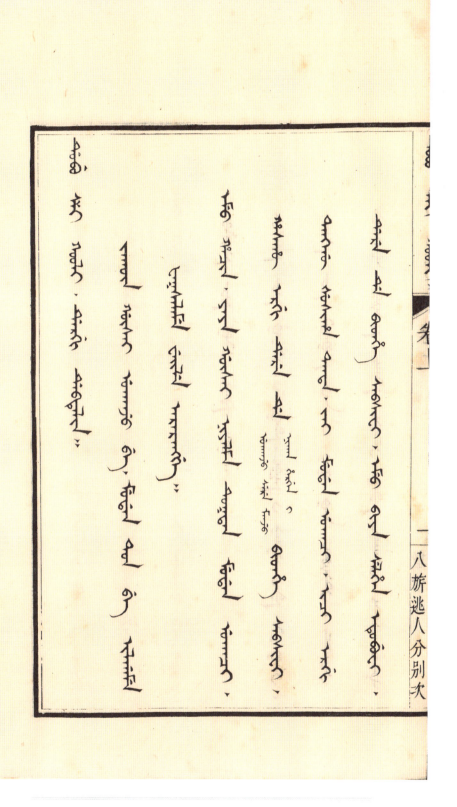

30697　督捕則例二卷　（清）徐本等纂　（清）明德等譯　清乾隆八年（1743）

武英殿刻本　滿文　遼寧省圖書館

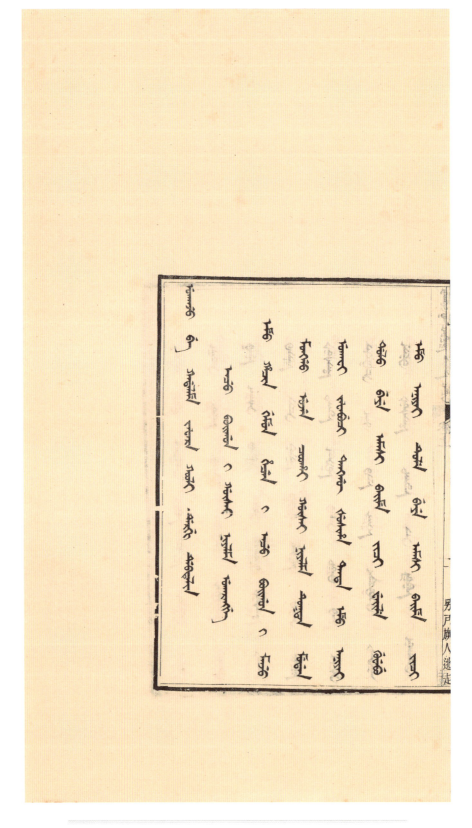

30698　督捕則例二卷　（清）徐本等纂　（清）明德等譯　清乾隆八年（1743）
武英殿刻本　滿文　遼寧省圖書館

30699　上諭八旗十三卷　（清）世宗胤禛撰　（清）允禄等輯　清雍正

九年（1731）內府刻乾隆六年（1741）武英殿續刻本　滿文　遼寧省圖書館

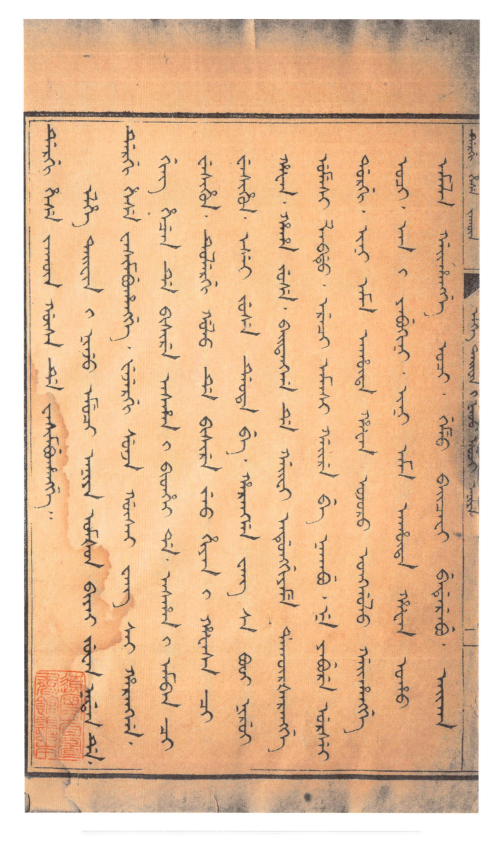

30700　上論八旗十三卷　（清）世宗胤禛撰　（清）允禄等輯　清雍正

九年（1731）内府刻乾隆六年（1741）武英殿續刻本　滿文　遼寧省圖書館

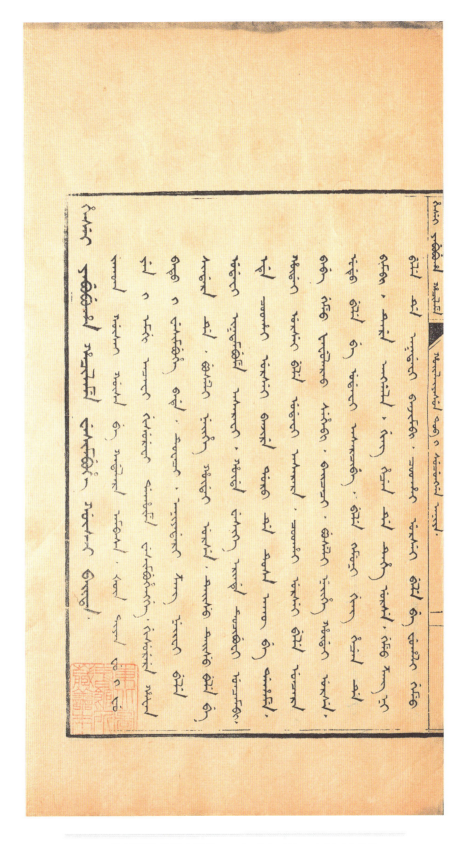

30701　諭行旗務奏議十三卷　〔清〕世宗胤禛撰　〔清〕允禄等輯

清雍正九年（1731）武英殿刻乾隆六年（1741）武英殿續刻本　滿文　遼寧省圖
書館

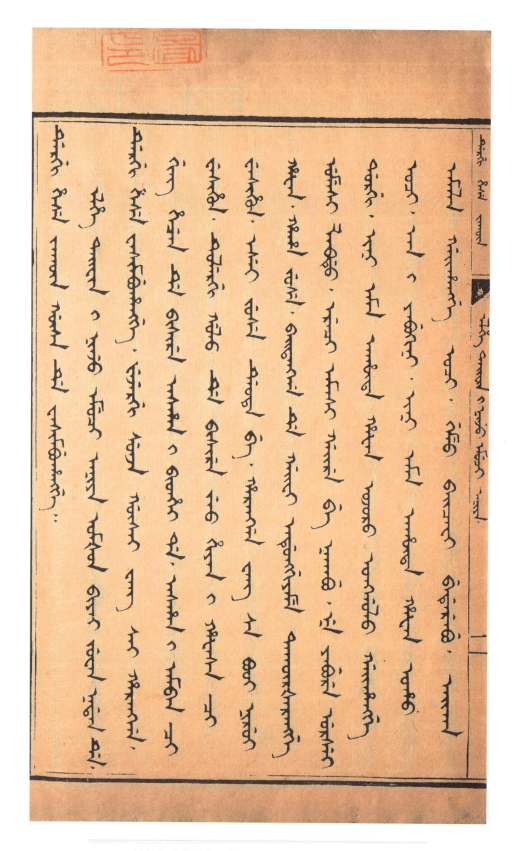

30702　諭行旗務奏議十三卷　　〔清〕世宗胤禛撰　　〔清〕允禄等輯

清雍正九年〔1731〕武英殿刻乾隆六年〔1741〕武英殿續刻本　滿文　遼寧省圖
書館

30703　曆象考成　清内府刻本　蒙文　遼寧省圖書館

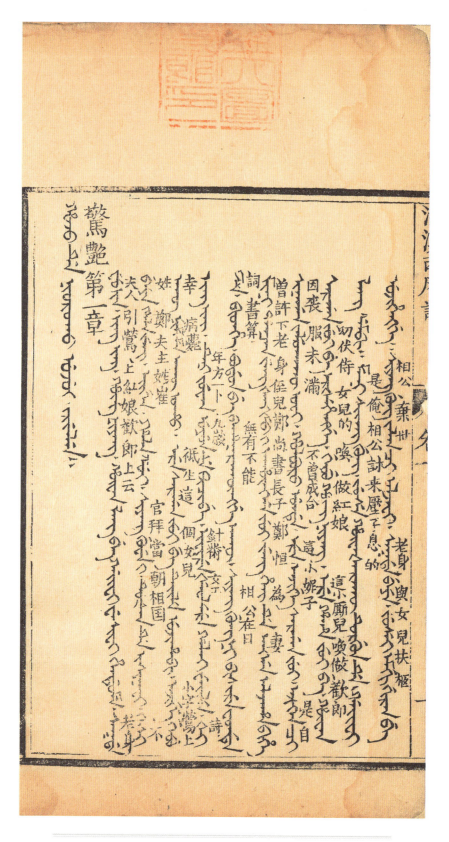

30704　滿漢西廂記四卷　（元）王實甫撰　（清）佚名譯　清康熙四十九年（1710）刻本　滿漢合璧　遼寧省圖書館

烟波致爽

熱河地既高敞氣亦清朗無蒙霧
靄氣柳宗元記所謂曠如也四圍
秀嶺十里澄湖致有爽氣雲山勝
地之南有屋七楹遂以烟波致爽
顔其額焉

御製詩

烟波致爽　五言排律

二

30705　御製避暑山莊詩二卷　〔清〕聖祖玄燁撰　〔清〕揆叙等注

清康熙五十一年（1712）内府刻本　滿文　大連圖書館